모두의 연출

제작 단계별 연출 노하우

한준수 지음

BOOKK

모두의 연출

발행	2023년 03월 27일
저자	한준수
펴낸이	한건희
펴낸곳	주식회사 부크크
출판사등록	2014. 07. 15(제2014-16호)
주소	서울 금천구 가산디지털1로 119 SK트윈테크타워 A동 305호
전화	1670-8316
E-mail	info@bookk.co.kr
ISBN	979-11-410-2178-8

www.bookk.co.kr

모두의 연출

한준수 지음

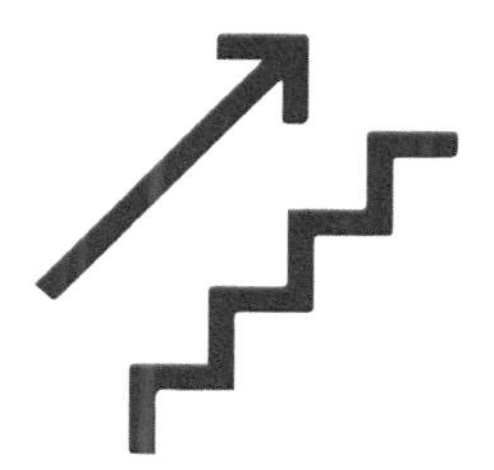

BOOKK

차례

프로덕션

촬영

오디오

조명

예술가인가 기술자인가

내가 수업을 통해 만나는 학생들은 거의 다 영상과 관련된 일을 하고 싶다는 꿈을 갖고 있다. 다만 유튜브 등 소셜미디어가 대세가 된 후로는 방송국 외에도 진출하고자 하는 분야가 매우 다양해졌다. 과거에 영화, TV, 광고가 전부였던 한정된 미래에서 벗어나 이제는 다양한 꿈을 꾸는 학생들을 만난다. 새 학기 첫 번째 수업 시간, 언제나 학생들에게 이렇게 묻는다. 영상을 만드는 사람은 예술가인가 기술자인가? 각자의 생각이 있겠지만 교육 현장에서 만나는 학생들은 많은 경우 기술을 배우기를 열망한다. 수업 시간에 편집 프로그램 다루는 방법을 배우고 싶어 하고, 수학 공식처럼 정답이 존재하는 무언가를 학습 시켜주길 원한다. 하지만 나는 그런 방식에 찬성하지 않는다. 우리가 영상을 만드는 궁극적인 목표는 그것을 통해 메시지를 효과적으로 전달하는 것이라고 믿기 때문이고, 그래서 우리는 기술자보다는 작가로써의 예술가에 더 가깝다고 생각하기 때문이다.

영상을 만드는 일이란 첫째로 영상 콘텐츠를 만드는 최종 목표인 '메시지'를 효율적으로 전달하기 위해 어떻게 보여주고, 어떻게 들려줄 것인가를 고민하며 준비하는 과정이다.

둘째로 편집의 재료를 충분히 생산해 내기 위해 촬영 현장을 통솔하고 사람이든 제품이든 풍경이든 카메라로부터 좋은 결과물을 얻어내는 과정이다.

마지막으로 재료를 조합하고 새로운 것을 첨가하여 최종 결과물로 만들어내고, 사람들에게 전달하기까지의 과정이다.

첫 번째 과정을 프리프로덕션(Pre-Production), 두 번째 과정을 프로덕션(Production), 마지막 과정을 포스트프로덕션(Post-Production)이라고 부른다.

모든 과정이 중요하겠지만 앞서 말한 과정 중 연출자의 역량이 가장 중요한 과정은 프리프로덕션 단계이다. 모든 작품은 영상이라는 형태를 갖추기 전에는 텍스트로 존재한다. 프리프로덕션 과정을 통해 연출자는 텍스트를 영상으로 변신시키기 위한 모든 준비를 마쳐야 한다. 그래서 나는 학생들에게 프로덕션(촬영) 단계로 함부로 넘어가지 말라고 가르친다. 프리프로덕션 단계에서 연출자로써 작품에 대한 완벽한 계획이 서서 '이제 프로덕션이 시작되면 단숨에 끝낼 수 있다'라는 자신이 있을 때에야 프로덕션 단계로 넘어갈 것을 강조한다.

프리프로덕션 단계는 연출자 개인, 혹은 작가와 제작자를 포함한 소수의 일이지만 프로덕션 단계에 들어서는 순간 연출부, 카메라, 조명, 음향, 배우…… 수많은 사람의 일로 확장된다. 이렇게 많은 사람이 모여서 보내는 시간이 길어지게 되면 그 자체로 비용이 눈덩이처럼 불어난다. 때문에 많은 인원이 모인 시간을 최대한 효율적으로 사용해 원하는 것들을 충분히 얻어내야 한다. 그런데 프리프로덕션을 충실히 하지 않아서 미처 찍지 못한 컷이 있다면? 그 팀은 재촬영으로 인해 모든 스텝과 출연자의 스케줄 확인부터 다시 시작하는 수렁에 빠지게 된다.

학생들이 조별 과제를 하거나 자기들끼리 모여 공모전을 준비할 때 프리프로덕션을 어떻게 하는가를 보면 이 작품의 성패를 미리 예상할 수 있고, 그 예상은 틀린 적이 없다. 많은 스태프와 함께 하는 프로덕션 과정은 연출자가 자연스럽게 작품에 대한 책임감을 갖게 된다. 하지만 프리프로덕션은 대부분을 혼자서 준비하다 보니 대충대충 넘어가려는 모습을 많이 보게 된다. 프리프로덕션에서 준비해야 할 것들을 제대로 하지 않은 팀은 십중팔구 재촬영, 3차 촬영을 하고 그마저도 편집 과정이 원활하지 않아 결국 포기하는 일이 허다하게 발생한다.

책의 첫 장에서부터 이렇게 프리프로덕션을 강조하는 이유는 그만큼 대충 넘어가기 쉬운 단계이기 때문이기도 하다. 어떠한 형태의 콘텐츠라도 프리프로덕션 단계를 충실히 하지 않은 것은 원활한 진행이 이뤄질 수 없다. 연출자만 바라보고 있는 많은 스텝들로부터 따가운 시선을 받고 싶지 않다면 혼자로 충분한, 그래서 자유로울 수 있는 프리프로덕션 단계를 최선을 다해 해내길 바란다.

이제 하나의 작품이 기획 단계부터 영상으로 만들어져 나오기까지 연출자가 알아두면 도움 될 만한 것들을 하나씩 살펴보려고 한다. 거추장스럽게 느껴질 수도 있고, 만들고 싶은 작품의 종류에 따라 불필요하게 느껴지는 부분이 있을 수도 있다. 그럴 때는 이 책의 단계를 자신에 맞게 각색하는 것도 괜찮다. -물론 학생들에게 그렇게 가르치진 않지만- 이 책의 의의는 연출을 희망하지만 카메라, 음향, 조명 등 의외로 알아야 할 것이 많아서 혼란을 느끼는 사람들을 위한 길잡이가 되고자 하는 데 있다.

단편영화를 만들거나 혹은 애니메이션이나 예능을 계획하고 있다고 하더라도 영상 콘텐츠 제작을 희망한다면 연출에 대한 기본 지식은 반드시 도움이 될 것이다. 불편하게 느껴지더라도 한 번쯤은 모든 단계를 적용해서 진행해 보고, 과정을 자신에 맞게 각색하는 일은 그다음에 시도해 보길 바란다.

프리프로덕션

▌ 작품 기획

시나리오

작품은 영상으로 만들어지기 전까지는 텍스트로 존재한다. 우리가 어떤 작품을 만들기 위해서는 텍스트 즉, 시나리오가 있어야 한다. 그렇다면 어디에서 시나리오를 찾을 수 있을까? 연출자가 직접 시나리오를 쓰는 경우도 있지만 좋은 시나리오를 발견하여 영상으로 제작하는 경우도 많이 있다. 이 책에서는 시나리오를 쓰기 위한 과정을 세밀하게 다루지 않고, 이야기를 만들어내기 위한 기본적인 법칙을 살펴보고자 한다.

시나리오의 소재로 가장 좋은 것은 당연히 직접 경험한 일로부터 찾는 것이다. 그래야 사건 안에서의 감정을 가장 잘 이해할 수 있고, 그렇게 쓰인 작품은 관객들로부터 공감을 얻어내기 좋기 때문이다. 하지만 꼭 그렇지 않더라도 어디에선가 흥미로운 소재를 발견했다면 그것을 토대로 이야기를 확장시켜 나갈 수 있을 것이다. 하지만 소재 자체만으로 영화적 스토리가 되는 것은 아니다. 하나의 이야기를 영화적으로 만들기 위해서는 플롯을 구성해야 한다. 플롯이란 시간 순서로 존재하는 이야기를 영화적 순서로 조작하는 것을 의미한다. 예를 들면 아래와 같은 사건, 즉 이야기가 있다고 해보자.

"아무도 없는 강의실에 A가 들어와 B의 물병에 물을 탔고, 잠시 후 B가 들어와 독을 탄 물을 마시고 죽었다."

시간 순서대로 되어있는 이 이야기를 영화적 순서로 바꿔보자.

"강의실에서 B가 자신의 물병에든 물을 마시고 죽었다. 과연 B를 죽인 것은 누구인가? (추적 과정) A가 아무도 없는 틈을 타 B의 물병에 독을 탔다는 사실이 밝혀졌다."

시간 순서대로 되어 있는 이야기의 순서를 바꾸니 미스터리한 이야기 구조가 완성된다. 이렇게 이야기의 순서를 영화적 순서로 바꾸는 것을 '플롯'이라고 하는데, 플롯의 목적은 스토리 일부를 숨기는 데 있다.

앞의 플롯에서는 관객에게 범인을 숨김으로써 영화적인 스토리를 구성할 수 있는 여지가 생겨났다. 이렇게 플롯이 이야기에서 무언가를 숨기는데 목적이 있다면, 다른 방식도 있을 수 있지 않을까? 이번에는 같은 이야기의 연출 방식을 바꿔보자. 시간 순서로 구성된 이야기의 순서를 바꾸지 않아도 영화적인 연출이 가능하다.

평소 B와 친하게 지내는 줄만 알았던 A가 아무도 없는 틈을 타 B의 물병에 독을 타는 장면을 클로즈업해서 보여준다. 그리고 잠시 후 B가 들어와 독이든 물을 마시려고 한다.

이 상황을 보는 관객들은 긴장하며 속으로 외친다.

그 물에는 독이 들어있어! 마시면 안 돼!'

지금의 스토리는 관객들은 모두 알고 있는 사실을 주인공만 모르는 상황으로 만들어졌다. 이렇게 관객 모두 아는 사실을 배우만 모를 때 발생하는 긴장감을 서스펜스라고 말한다. 사건의 원인을 모두에게 감추면서 만들어지는 미스터리 구조, 사건의 원인을 관객에게는 알리되 배우에게는 감추면서 만들어지는 서스펜스 구조 모두 이야기를 누군가에게 숨김으로써 영화적 연출의 여지가 발생한다.

영화적 플롯과 함께 시나리오를 쓰기 전 미리 결정해야 하는 사항으로는 장르, 배경, 등장인물, 결말이 있다.

먼저 배경은 시간적 배경과 공간적 배경으로 나눌 수 있다. 시간적 배경은 이 이야기가 어느 시대를 배경으로 하는지를 말하고, 공간적 배경은 이야기가 펼쳐지는 장소를 설정하는 것을 말한다. 배경 설정이 중요한 이유는 배경이 다르면 같은 사건이라도 그 안에서 전혀 다른 에피소드가 만들어질 수 있기 때문이다.

등장인물을 설정할 때는 작품에 등장하지 않는 등장인물의 성장 배경과 같은 과거의 이야기까지도 모두 설정해야 한다. 언젠가 김영하 작가는 한 방송에서 캐릭터에 대한 모든 설정이 완료되면 이후 대사는 캐릭터가 알아서 쓴다고 말하기도 했다. 그만큼 캐릭터의 모든 설정을 구상하고 나면 그 캐릭터의 입장에서 대사와 행동이 자연스럽게 나오게 된다는 것이다. 캐릭터를 이렇게 디테일하게 설정한 후에 시나리오를 쓰는 것이 중요한 다른 이유는 캐릭터의 말과 행동이 일관성을 갖도록 할 수 있기 때문이다. 작품 내에서 상황에 따라 캐릭터의 행동이 달라진다면 관객들은 캐릭터의 행동에 공감할 수 없다는 사실을 기억해야 한다.

시나리오를 쓰기 전 미리 생각해야 하는 또 다른 것으로 결말이 있다. 시나리오를 쓰기도 전부터 결말을 정해 놓아야 한다는 것이 의아할 수도 있지만, 시나리오는 거꾸로 쓴다는 말이 있을 정도로 결론부터 정하고 써나가는 것이 오히려 결말을 향해 나아가는 스토리의 일관성에 유리한 경우도 많다. 결말을 알아야 결말을 향해 가기 위한 장애물을 만들어 나갈 수도 있는 것이다. 예를 들면 러브스토리의 결말이 사랑하는 사람의 죽음이라면, 마지막의 슬픔을 강조하기 위해 행복한 순간들과 죽음에 대한 복선을 보다 적절하게 배치할 수 있는 것이다.

이렇게 이야기를 기획하고 나면 어느 정도 사건의 흐름을 정리하고 시나리오 쓰기에 돌입할 수 있다. 특별한 양식이 있는 것은 아니지만 시나리오에 반드시 들어가야 하는 것들은 잊지 않고 넣어줘야 한다. 우선 등장인물에 대한 간략한 소개가 들어가야 한다. 작품을 기획하고 캐릭터를 구축할 때처럼 디테일한 설명까진 아니지만 이름, 성별, 나이, 다른 주요 등장인물과의 관계와 인물의 특징을 간단히 적어주면 좋다. 그다음 스토리가 시작되면 반드시 씬(Scene) 번호를 적어야 하는데, 씬은 장소가 바뀔 때마다 씬이 바뀐다고 생각하면 된다. 그리고 각 씬마다 지문과 대사를 적어준다.

작품 기획과 시나리오에 대해서만 다뤄도 책이 몇 권은 나오는 긴 설명이 되기 때문에, 이에 대한 설명은 이 정도에서 멈추는 것이 좋을 것 같다. 시나리오가 준비되었다고 가정하고 이제 시나리오를 바탕으로 촬영을 준비하는 단계로 넘어가야 한다.

스토리보드 - 데쿠파주

일단 좋은 시나리오를 만나면 연출자는 그 작품을 머릿속에서 끝없이 영상화하기 시작한다. 그렇게 작품을 몇 번씩이나 그려본 다음에야 시각화를 위한 작업에 들어간다. 스토리보드는 작가를 통해 작업하기도 하지만 봉준호 감독처럼 직접 작업하기도 한다.

스토리보드를 그리는 순간부터 작품의 시각화를 위해 연출자가 해야 하는 일은 하나의 현실을 어떻게 '나눠서' 보여 줄까를 고민하는 일이다. 이런 장면이 있다고 가정해 보자.

'수업에 늦은 학생이 조심스레 강의실 뒷문을 열고 들어와 자리에 앉는다'

연출자는 이 간단한 상황을 어떻게 '쪼개서' 보여 줄지를 결정해야 한다. 예를 들면 다음과 같이 나눠볼 수 있다.

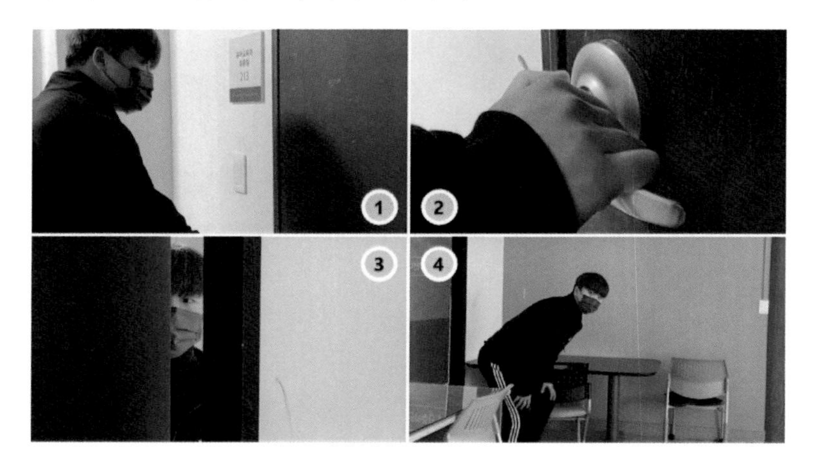

문 앞에서 갈등하는 컷
문 손잡이를 잡는 컷
강의실 문이 열리고 보이는 눈동자 컷
슬금슬금 강의실 자리로 걸어오는 컷

수업에 늦은 학생이 문을 열고 들어와 자리에 앉는다는 단순한 장면을 연출자가 어떻게 보여줄 것인가를 상상하며 나누는 것을 데쿠파주(Decoupage) 한다고 말한다. 연출자의 개성은 장면을 나누는 과정을 통해 드러나게 된다고 해도 과언이 아니다.

같은 장면을 그리더라도 어떤 연출자는 편집을 최소화하며 CCTV처럼 담담하게 전달하고자 할 수도 있을 것이다. 혹은 여러 번 컷을 바꾸면서 긴장감을 강조하여 표현할 수도 있다. 아니면 변화무쌍한 롱테이크로 1인칭과 3인칭을 오가며 표현하고 싶을 수도 있다. 어떤 것도 그것만이 정답일 수는 없다. 하지만 연출자가 매번 모든 장면을 새롭게 구성하기 위해 머리를 싸매야 한다면 데쿠파주 하는 과정은 너무 힘든 과정이 될 것이다. 그리고 매번 새로운 방식의 구성만을 고집하게 되면 오히려 관객들이 장면을 잘 이해할 수 없게 되는 부작용이 생길 수도 있다. 그래서 긴 시간 동안 공식처럼 굳어져 온 관습적인 데쿠파주의 방식이 존재한다. 관습적이라고 해서 좋지 않은 장면이라고 볼 수 없고 오히려 일반적인 장면들은 관습적인 연출을 하는 것이 관객들의 이해를 돕기도 한다는 사실을 기억하자.

관습적인 데쿠파주

하나의 씬을 관습적으로 데쿠파주 할 때 얻을 수 있는 장점들도 많이 있다.

첫째는 현장에서 스태프들과의 소통이 쉽다는 점이다. 만약 어떤 장면을 나만의 새로운 방식으로 구성하고 싶다면 이에 대해 스태프들에게 일일이 설명해 이해시켜야 한다. 하지만 관습에 따라 씬을 구성하기로 계획했다면 스태프들 역시 많이 해본 방식일 것이기 때문에 소통이 아주 쉬워진다.

두 번째는 앞서 언급했지만, 관객들이 흐름을 쉽게 이해하도록 도울 수 있다. 창의적 장면은 관객으로 하여금 연출자가 의도한 감정과 흐름을 고민하게 만들지만, 관객에게도 익숙한 방식으로 씬을 구성하면 관객들 역시 해당 씬의 흐름을 이해하기 쉬워진다.

따라서 전체 구성을 무조건 창의적인 구성으로만 채우는 것이 좋은 것은 아니며, 개인적으로 작품의 70% 정도는 관습에 따르는 것이 작품을 통해 관객과 소통하는데 유리하다고 생각한다. 이 장에서는 연출자가 장면을 데쿠파주 할 때 관습적으로 사용하는 대표적인 몇 가지 방식을 알아보고자 한다. 우선 관습적인 데쿠파주를 알고 거기에 자신만의 창의성을 더해보도록 하자.

(1) 마스터샷 - 샷 -리버스샷

가장 대표적인 데쿠파주의 방식은 마스터 샷 - 샷 - 리버스 샷 구성이다. 특히 대화 장면을 구성할 때는 아래 그림과 같이 세 가지 샷을 이어붙이는 것만으로도 안전한 연출이 가능하다.

씬은 주로 장소에 의해 나눠지는 경우가 많으므로, 씬의 시작은 마스터 샷으로 시작한다. 마스터 샷의 목적은 장소와 배우, 배우와 배우들 사이의 위치 관계를 한눈에 보여줌으로써 관객들이 앞으로의 상황을 이해할 수 있도록 하기 위해 사용한다.

만약 연인이 카페에 앉아 대화하는 씬이라면, 두 사람의 따뜻한 느낌을 표현하기 위해 카페의 창가에 앉아있는 모습으로 시작할 수 있다.
그 후에 각 배우의 단독 샷을 이어 붙인다면 관객들은 배우들의 위치에 대해 이해하고, 얼굴에 드리우는 조명과 그림자에 대해서도 이해할 수 있다. 이렇게 마스터 샷을 통해 공간과 위치 관계를 보여줌으로써 배우 간의 관계와 방향을 혼동하지 않을 수 있게 해준다.

(2) 액션을 통한 연결 (더블액션)

또 하나의 데쿠파주 방식은 액션을 통한 연결이다. 앞 컷에서 시작된 배우의 동작 중간에 컷을 넘겨서 다른 샷을 이어붙이는 방식으로, 더블 액션이라는 용어로도 표현한다.

춤추며 도는 동작의 중간에 컷을 전환

동작의 중간에 컷이 나눠짐으로써 관객들로 하여금 편집점을 인지하지 못하도록 한다는 장점이 있다.

방에 들어와 의자에 앉는 장면이라고 한다면, 마스터 샷에서 방에 들어오는 모습으로 시작해 의자에 앉는 동작의 중간에 컷을 자른다. 그리고 다음 클로즈업 샷에서 앉는 동작이 이어지도록 한다. 이렇게 동작과 함께 컷을 넘김으로써 장면을 보는 관객들이 컷의 변화를 크게 느끼지 않는 자연스러운 편집이 완성된다.

(3) 180도 법칙

세 번째 관습적인 데쿠파주 방식은 두 사람의 대화 컷을 이어붙일 때, 각 인물의 시점이 혼동되지 않도록 하기 위한 것으로 180도 법칙이라고 하는 것이다.

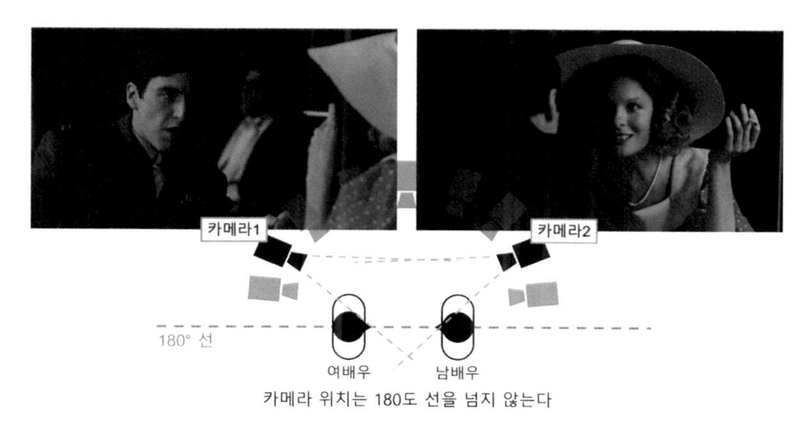

카메라 위치는 180도 선을 넘지 않는다

두 사람 사이에 180도의 직선을 그어 놓고 카메라가 그 선을 넘지 않고 한 방향에서만 촬영한 컷을 사용하라는 의미이다. 만약 선을 넘어가서 촬영할 경우 관객들은 마주 보고 대화하던 두 사람이 갑자기 자리를 옮겨 한 방향을 보고 대화한다는 착각을 불러일으키게 되기 때문이다.

(4) 30도 법칙

마지막으로 소개할 관습은 화면이 튀어 보이지 않도록 하기 위한 방법으로, 동일한 인물의 장면을 편집할 때 앞의 컷과 그다음에 붙을 컷은 카메라의 위치가 30도 이상 변화된 컷을 사용해야 한다는 관습이다. 만약 카메라의 변화가 거의 없는 상태로 컷을 이어붙일 경우, 편집이 튀어 보이게 되면서 점프 컷과 같이 보이게 될 수 있기 때문이다.

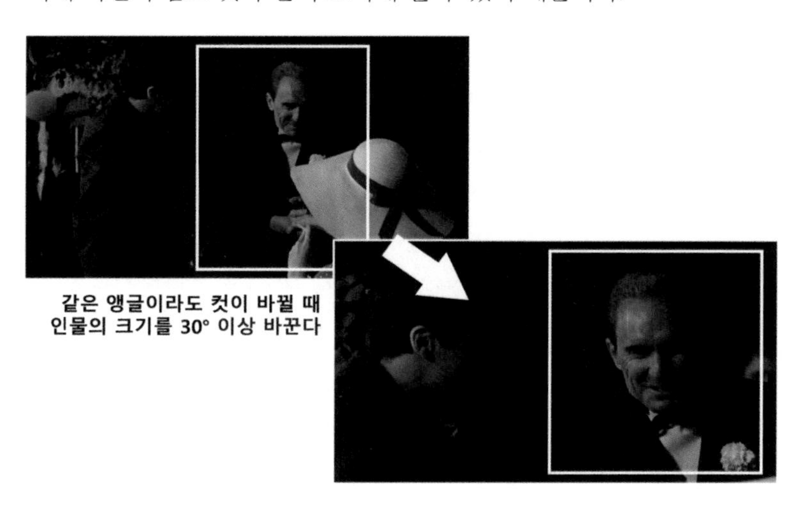

같은 앵글이라도 컷이 바뀔 때
인물의 크기를 30° 이상 바꾼다

이렇게 연출자가 데쿠파주 할 때 알아둬야 할 대표적인 관습 4가지를 알아보았다. 다양한 영화, 드라마를 보며 어떻게 관습을 지키고 어떻게 관습을 깨뜨리는지를 눈여겨보면서 학습하면 도움이 될 것이다. 자연스럽게 받아들여지는 관습 위에 여러분의 창의성을 더해서 좋은 작품을 연출할 수 있게 되길 바란다.

프리프로덕션 스태프

작품 계획이 끝나면 본격적으로 제작을 위한 준비에 들어가게 되는데, 이때 함께 할 스태프를 정리해 보려고 한다. 학생 작품이나 독립 작품은 한 사람이 두세 명의 역할을 해야 하기 때문에 스태프 구성이라는 말 자체가 배부른 소리처럼 들릴 수도 있다. 하지만 스태프를 인력의 관점보다는 직무의 관점에서 이해하고 알아두면 소수의 인원이 작업하는 경우라도 업무를 배분하기 편리하기 때문에 알아두는 것이 좋다.

제작자 / 프로듀서

이 책은 연출자의 역할을 중심으로 다루는 책이므로 서두의 작품 기획에 제작자의 역할을 다루지 않았다. 하지만 실제 상업 작품이 만들어지는 과정에서는 제작자가 먼저 좋은 작품을 발굴하고, 그 작품을 잘 연출해 줄 연출자를 섭외하는 경우가 많다. 제작자는 작품이 만들어지기까지 필요한 자금을 조달하고, 주연 배우와 스태프 섭외에도 영향을 끼치는 중요한 역할을 한다. 많은 역할을 하지만 그중 제작부의 가장 중요한 역할은 자금을 관리하는 일이라고 할 수 있다.

조연출

조감독(AD)이라고 부르기도 하는 이 직무는 연출부 스태프를 총괄하는 역할을 한다. 흔히 연출로 올라서기 위해 거쳐야 할 직무로 생각하는 경우가 많은데, 수행하는 역할에서 연출자와는 다른 역량이 필요한 경우가 많다. 때문에 해외에서는 연출 전단계로 이해되기보다는 조연출도 하나의 전문적인 영역으로서 인정하는 경우도 많이 있다.

프리프로덕션 단계에서 조연출은 연출자가 작품에 집중할 수 있도록 브레이크다운 시트 등 필요한 각종 시트 작성부터 연출부 구성, 그리고 필요한 경우 조연/단역의 캐스팅까지 연출자를 대신해 진행한다. 조연출은 만들고자 하는 작품에 대해 연출자 못지않은 깊은 이해가 필요하기 때문에 연출자와의 호흡이 중요하다. 현장에서 연출자를 대신하는 역할도 수행해야 하기 때문에 작품 제작 과정에 대한 전반적인 이해가 있어야 하며, 많은 문서를 작성해야 하는 만큼 문서작성 능력도 갖추고 있는 것이 좋다. 조연출을 포함한 연출부는 일일 촬영 계획 수립, 촬영에 필요한 소품, 의상 등 리스트 작성을 한다. 현장에서 배우, 제작부 등 전체 스태프간의 소통이 원활할 수 있도록 바쁘게 살펴야 한다.

시나리오 / 스토리보드 작가

연출자가 직접 시나리오를 썼다고 하더라도 시나리오를 다듬는 등 작가가 할 역할은 분명히 존재한다. 작품이 만들어지는 과정에서 대사를 다듬기도 하고 내용상 수정이 필요하기도 한데, 연출자가 혼자서 감당하기 어려울 때가 많기 때문이다. 스토리보드 역시 봉준호 감독처럼 스토리보드 작업을 직접 해내는 경우도 있지만 모든 연출자가 그림에 소질이 있는 것은 아니다. 스토리보드는 현장에서 만들어 내야 할 장면의 설계도와 같기 때문에 구도와 앵글, 카메라의 움직임이 잘 표현되도록 스토리보드 작가를 통해 그리기도 한다.

만화책 처럼 틀에 맞춰서 스토리보드를 작성하기도 하지만 봉준호 감독처럼 자유롭게 그려내기도 하는데, 시중에 나와 있는 봉준호 감독의 기생충 스토리보드북을 구입해서 실제 영화와 비교하면서 보면 그가 왜 그토록 찬사를 받는 감독인지 알 수 있다.

촬영 감독

기술 스태프라고 하면 촬영감독만 있는 것이 아니라 음향감독, 조명감독도 있지만 감독과 가장 긴밀히 소통하며 영화를 만들어가는 건 역시 촬영감독이다.

국내에서도 점차 촬영감독이 촬영뿐 아니라 조명 등 시각화에 대한 전반적인 영역을 종합적으로 관리하도록 하는 DP (Director of Photography) 시스템으로 변하고 있다. 현대의 촬영감독은 수동적으로 카메라만 다루는 자리가 아니라 로케이션과 미술까지 적극적으로 의견을 내며 감독과 소통하는 중요한 자리라고 할 수 있다. 그래서 해외에서는 촬영감독이 직접 카메라를 잡지 않고 카메라 오퍼레이터를 따로 두어서 카메라를 잡도록 하기도 한다.

촬영감독은 연출자와 함께 촬영 계획을 세우고 촬영팀을 구성한다. 촬영팀은 필요에 따라 드론 촬영, 수중 촬영 등 특수 촬영 스태프 뿐 아니라 장비를 준비하고 관리하는 스태프까지 다양한 인력을 필요로 한다.

미술 감독

프로덕션 디자이너라고도 칭하며 촬영 현장이나 세트의 디자인은 물론이고 분장, 의상, 소품에 이르기까지 화면에 보이는 모든 피사체를 콘셉트에 맞게 보이도록 관리하는 역할을 한다. 특히 시대극의 경우 더욱 중요한 역할을 하게 되는데, 작품의 배경이 되는 시대를 나타낼 수 있는 미술 요소를 창조적으로 고민하며 연출자와 소통해야 한다.

여기까지 프리프로덕션 단계에서 함께할 수 있는 스태프를 살펴보았는데, 상업 작품이 아닌 경우라면 소개한 스태프를 인력의 관점보다는 업무의 관점으로 생각해서 이 일들이 빠짐없이 준비될 수 있도록 해야 한다.

▌문서 작성

브레이크다운

시나리오가 완성된 후 촬영에 들어가기까지 많은 문서를 작성하게 된다. 서두에 이야기했지만 촬영에 돌입하면 이전보다 훨씬 많은 스태프들이 한 팀이 되어 움직이기 시작한다. 그래서 다양한 문서를 통해 촬영을 세밀하게 준비하는 것은 상상 이상으로 중요하다. 촬영에 중요한 역할을 하게 될 문서들을 작성하기 위해 시나리오를 파헤치듯 분석하는 과정을 브레이크다운이라고 부른다. 그렇게 분석한 내용을 브레이크다운 시트에 정리하게 되는데, 이는 이후에 만들어질 다양한 문서들의 토대가 된다.

브레이크다운 문서는 각 씬별로 작성하며, 씬을 촬영하기 위해 필요한 모든 정보를 정리한다. 해당 씬에 출연하는 등장인물은 누구인지, 스토리상 시간대는 낮인지 밤인지, 장소는 어디인지 뿐만 아니라 연출자로써 필요하다고 생각되는 소품, 특수효과 등을 일목요연하게 정리하는 것이다. 인터넷에 검색하면 많은 양식들이 공유되는데, 브레이크다운시트에 정해진 양식이 따로 있는 것은 아니니 다른 사람들의 것을 참고해서 기록해야 하는 사항에 어떤 것들이 있는지 꼼꼼히 기록하는 것이 중요하다.

학생들의 경우 이 과정을 귀찮다고 여기며 건너뛰는 경우를 많이 보게 된다. 그러나 이 과정은 스태프들과의 소통만을 위한 것이 아니라 연출자 스스로 장면에 대해 더 구체적으로 고민하고 정리할 수 있는 아주 중요한 과정이다.

앞선 과정까지는 감성에 의한 판단이 주로 필요했다면, 촬영을 위한 문서를 준비할 때는 철저히 이성적으로 분석하고 판단해야 한다. 씬을 분석적으로 파고드는 브레이크다운 과정은 연출자로 하여금 스스로의 작업을 이성적으로 바라볼 수 있도록 하는 좋은 기회를 제공한다.

브레이크다운 시트 작성은 시나리오를 펼치고 밑줄을 그어가며 뜯어보는 것으로 시작한다. 여러 가지 색의 펜이나 기호를 정한 다음 시나리오를 읽으며 인물, 소품 등 시트에 옮겨 정리해야 할 단어마다 한눈에 알아볼 수 있도록 각각에 해당하는 색연필로 밑줄을 그어두거나 기호로 표기한다. 이때 주연/조연 등의 출연자와 보조출연자는 다른 기호로 표기하는 게 좋다. 촬영에 필요한 정보를 최대한 놓치지 않도록 꼼꼼히 살펴봐야 한다. 그리고 그렇게 표기한 것을 검토하며 브레이크다운 시트에 옮겨 적는다. 브레이크다운 시트를 토대로 촬영에 필요한 다른 문서들을 작성해야 하므로, 첫 단추부터 실수가 생기지 않도록 주의하는 것이 좋다. 다음 페이지의 브레이크다운 양식을 참고해 사용하도록 하자.

BREAKDOWN SHEET

씬넘버	**페이지** (시나리오상의 페이지)	**D / E / N** (촬영 시간대 낮,저녁,밤)
S / O / L (장소 : 세트/오픈/로케이션)	**Int / ext** (장소 : 실내 / 실외)	**촬영 날짜**
내용 (해당 씬의 대략적인 내용)		

주연	**조연**	**엑스트라**	**스턴트/동물**
분장/특수분장	**소품**	**특수효과/CG**	**의상** 등장인물별 의상

촬영 필요한 촬영 준비 예 : 기본촬영 / 드론촬영	**조명**	**사운드**
차량	**촬영진행**	**비고**

항목별 리스트 작성

브레이크다운 과정이 끝나면 이를 토대로 하여 다양한 리스트를 작성한다. 장소를 기준으로 해당 장소를 배경으로 하는 씬을 묶어서 정리한 장소 리스트, 출연자별로 정리한 출연자 리스트 등이다. 엑셀을 다룰 수 있으면 큰 도움이 되는데, 엑셀에 각각의 씬을 항목별로 잘 정리해두면 따로 리스트를 작성할 필요 없이 장소, 인물을 기준으로 정렬만 해주면 되기 때문이다.

이렇게 작성된 리스트는 촬영 스케줄을 정리할 때 아주 중요한 역할을 하게 된다. 촬영 스케줄을 세울 때 가장 우선시해야 할 것은 장소이며, 그 다음으로 출연자이기 때문에 촬영 스케줄은 우선순위에 따라 효율적으로 동선을 짜야 한다. 그렇기 때문에 일단 한 장소에 배우와 스태프가 모이면 그 장소에서 필요한 모든 씬을 빠짐없이 찍어야 한다. 그렇지 못하면 한번 모였던 장소에 다시 촬영 세팅을 해야 하는 비효율적인 스케줄이 된다. 앞서 말했듯이 프리프로덕션 단계는 소수의 인원으로 이루어지는 일이지만, 촬영에 돌입하는 순간 스태프의 수가 몇 배로 늘어나며, 비효율적인 스케줄로 일정이 늘어나는 것은 곧 제작비 증가와 직결되는 일이라는 사실을 명심해야 한다. 그렇기 때문에 한 장소에서 촬영을 시작하면 시나리오에 나오는 씬 뿐만 아니라 인서트로 사용할 만한 컷들까지 빠짐없이 담아오는 것이 좋다.

장소에 따른 촬영 스케줄 배치 요령

1. 야외(로케이션) 촬영을 스케줄 앞쪽에 배치한다.
   - 날씨 등의 영향으로 야외 촬영에 문제가 발생한 경우 뒤쪽의 실내 촬영을 앞당겨 찍으면 되지만, 야외를 뒤쪽에 배치할 경우 촬영 일정이 무한정 늘어날 수 있기 때문이다.
2. 밤 장면은 몰아서 스케줄을 잡는다.
   - 촬영 장소의 창문을 가리면 낮에도 밤 장면 촬영이 가능하므로 밤 촬영 스케줄을 낮부터 잡아서 낮 동안 실내장면을 촬영한다. 그 후 실제 밤이 되면 밤 야외 씬을 촬영하여 가급적 밤샘 촬영하지 않도록 진행하는 것이 좋다.
3. 밤낮이 바뀔 것이 예상된다면 충분한 휴식을 고려한다.
   - 실제 촬영 시간대를 밤 촬영 후에 낮 촬영이 잡혀야 한다면, 12시간 이상의 휴식을 취할 수 있도록 해야 한다.

전체 촬영 스케줄표

촬영회차		1	2		3	4
D/N		D	D		D	D
씬넘버		1,4,7	2,3		5,6	8
촬영날짜		11.2	11.3		11.5	11.6
장소		Ext- 사거리	Ext- 슈퍼앞		Ext- 도로	Int- 00의집
배역	No.			휴식		
세연	1	1	1		1	1
예원	2	2	2			

일일 촬영 계획을 세울 때 그날 촬영하는 씬의 순서를 정해야 하는데, 이때 출연자의 스케줄을 효율적으로 배치하도록 해야 한다. 물론 캐스팅할 때 예정된 촬영 기간 동안 다른 일정이 없는 배우를 캐스팅하는 것이 좋다. 하지만 유명 배우를 캐스팅하거나 혹은 군중 씬 등 많은 보조 출연이 필요한 경우에는 출연자에 따른 스케줄 관리가 필요하다. 현장에서 대기하는 시간이 길지 않도록 출연자의 스케줄을 반영해서 촬영 계획을 수립해야한다.

한 장소에서 주연 A와 B가 출연해야 한다면 A 배우가 출연하는 씬들을 몰아서 먼저 찍고, 그다음 A와 B 배우가 함께 출연하는 씬들을 몰아서 찍고 마지막으로 B 배우가 출연하는 씬들을 몰아서 찍으면 불필요한 대기시간을 줄일 수 있다. 하지만 모든 촬영이 반드시 효율성만 따져야 하는 것은 아니다. 오히려 몰아서 찍기 위해 씬의 순서가 뒤섞이는 것이 배우의 감정 연결을 어렵게 만들 수도 있기 때문에 여러 가지 상황을 고려해 촬영 계획을 수립하는 것이 필요하다. 다음의 일일 촬영 계획표 양식을 참고하도록 하자.

일일 촬영 계획표

<table>
<tr><td colspan="2">총 차 중</td><td colspan="2">1 일차</td><td>날씨</td><td colspan="3"></td><td colspan="2">집 합 시 간 및 장 소</td><td>연 출 :</td></tr>
<tr><td>연 도</td><td>월</td><td>일</td><td>요일</td><td>일몰</td><td colspan="3"></td><td>1 차</td><td>2 차</td><td>조연출 :</td></tr>
<tr><td>20 년</td><td></td><td></td><td></td><td>일출</td><td colspan="3"></td><td></td><td></td><td></td></tr>
<tr><td>S#</td><td colspan="4">장 소</td><td>S/O/L</td><td>D/N</td><td>컷수</td><td colspan="2">장 면 내 용</td><td>단역 및 보조 출연</td></tr>
<tr><td></td><td colspan="4"></td><td></td><td></td><td></td><td colspan="2"></td><td></td></tr>
<tr><td></td><td colspan="4"></td><td></td><td></td><td></td><td colspan="2"></td><td></td></tr>
<tr><td></td><td colspan="4">총 컷</td><td></td><td></td><td></td><td colspan="2"></td><td></td></tr>
<tr><td colspan="4">연 출 부</td><td colspan="4">제 작 부</td><td>촬 영</td><td>조 명</td><td>TIME TABLE</td></tr>
<tr><td colspan="4"></td><td colspan="4"></td><td></td><td></td><td rowspan="3"></td></tr>
<tr><td colspan="8">소 품</td><td>의 상</td><td>연 기 자</td></tr>
<tr><td colspan="8"></td><td></td><td></td></tr>
</table>

장소 리스트

촬영 준비 과정에서 빼놓을 수 없는 것이 로케이션에 관한 사항이다. 시나리오 상 로케이션이 필요한 장소를 리스트로 작성하고, 해당 장소에 관한 사항을 기록해두는 것은 촬영을 준비하는데 많은 도움이 된다. 우선 촬영 장소에 대해 허가나 섭외가 필요하다면 반드시 사전 승인을 얻어야 한다. 만약 허락이 되지 않는다면 빠르게 다른 장소를 찾아서 섭외해야 하기 때문에 가급적 이용 가능 여부 확인은 빠를수록 좋다.

장소 사용 허락이 되었더라도 어느 정도 이용할지에 대해서도 협의가 필요하다. 가령 카페에서 촬영을 하기로 했는데 일부 좌석만 사용 가능하다면 현장의 음악과 외부 손님들의 소음 속에서 촬영을 진행하는 것이 매우 힘든 일이기 때문이다.

촬영 승낙을 받았다면 사전에 촬영감독과 함께 직접 가서 확인하는 것이 가장 좋다. 촬영을 위해 카메라와 조명이 들어갈 공간은 충분한지, 조명과 낮의 햇빛은 어떤지 확인해야 한다. 또한 전기 사용 여부도 체크해야 한다. 이에 따라 촬영 준비를 위한 장비가 달라지기 때문이다.

출연자 준비

캐스팅

작품 기획 단계에서 예산 등 여러 가지 상황을 고려하여 캐스팅을 진행하게 된다. 주요 배역의 캐스팅은 작품 기획 단계에서 미리 해두는 것이 좋다. 촬영 스케줄을 확정하기 전에 배우의 스케줄을 파악하고 있어야 하기 때문이다. 연출자가 시나리오를 쓰거나, 혹은 시나리오를 토대로 작품을 준비하는 과정에서 그려진 이미지가 있다면 그 이미지에 맞는 배우를 찾는 것이 필요하다. 이때 배우의 이미지에 따라 전형적인 이미지의 캐스팅을 할 것인지, 아니면 의외성을 줄 수 있는 비전형적인 캐스팅을 할 것인지는 연출자가 결정해야 할 부분이다.

전형적인 캐스팅이란 배역의 직업이나 성격에 맞는 외모를 갖고 있는 배우를 캐스팅하는 것으로 일반적인 상황에 많이 적용되는 캐스팅이다. <범죄 도시>에서 힘이 센 형사의 역할에 마동석 배우가 캐스팅되는 경우가 이에 해당된다.

비전형적인 캐스팅은 배역의 직업이나 성격에 어울리지 않을 것 같은 외모의 배우를 캐스팅해 의외성을 부여하는 방법으로, 위험부담이 있지만 성공할 경우 신선함을 줄 수 있다는 장점이 있다. 마찬가지로 <범죄도시>에서 악역으로 평소 깔끔하고 신사적인 이미지의 윤계상 배우를 캐스팅한 경우가 이에 해당한다고 생각할 수 있다.

캐스팅을 위해서 잡지나 대학신문 등에 광고를 싣기도 하지만 지역의 극단이나 연극 영화과에 접촉하기도 한다. 특히 예산이 충분치 않은 경우라면 더욱 그렇다. 이 과정을 통해 출연을 희망하는 사람들의 프로필을 받아보고, 오디션이 필요한 경우 따로 연락해 오디션 일정을 잡는다. 오디션 자리에서는 여러 가지 연기를 봐야 정확한 판단이 가능할 것이다. 즉석 연기를 시켜보기도 하고 극단적인 감정 연기, 감정이 변화되는 과정에 대한 연기를 보기도 한다. 이때 화면에 비치는 배우의 이미지를 확인하기 위해 카메라를 준비해서 촬영해두는 것이 좋다. 촬영한 오디션 자료는 최종 결정에 어려움을 느낄 때 다시 확인할 수 있는 자료로도 활용될 수 있다.

출연자가 결정되면 연출자는 출연자들과 친밀감을 조성하기 위해 노력해야 한다. 촬영은 빡빡한 일정으로 찍는 경우가 많은 만큼 배우들은 육체적으로 힘든 상황에서 감정을 유지해야 한다. 때문에 연출자가 배우들과 사전에 좋은 관계를 형성하는 것이 앞으로 진행될 촬영에 도움이 된다. 연출자들은 배우들과 친밀감 형성을 위해 MT를 가기도 하는 등 다양한 노력을 기울인다. 이렇게 친밀한 관계가 되어야 수시로 작품에 대해 의견을 교환할 수 있다. 연출자의 의도만 전달하는 것을 넘어 배우도 스스로 생각한 장면과 연기에 대해서 연출자에게 이야기 할 수 있도록 좋은 관계를 형성하는 것이 필요하다.

비전문 배우 캐스팅

충분한 예산이 있다면 모든 배역에 전문 연기자를 캐스팅하면 좋겠지만 그렇지 않은 경우 연기를 공부한 적 없는 비전문 연기자와 작업하게 되기도 한다. 비전문 배우와 작업하기 위해서 연출자는 비전문 배우가 자신감을 잃지 않도록 여러 가지 배려를 준비해야 한다.

우선 한 번에 말해야 하는 대사가 너무 길지 않도록 수정해 주는 것이 좋다. 물론 비전문 배우라도 긴 대사를 무리 없이 소화할 수도 있겠지만, 대사가 한번 꼬이기 시작하면 긴장해서 해결이 안 되는 경우도 발생하기 때문이다.

가급적 대사를 하면서 무언가 움직일 수 있도록 동작을 지시해 주는 것도 좋다. 몸을 쓰는 것이 익숙하지 않은 비전문 배우는 아무런 동작 없이 서서 대사를 할 때 특히 손 처리에 어색함이 커질 수 있다. 이럴 때는 "커피 잔을 들며, 머리를 넘기며" 와 같이 동작을 지시해 주면 어색함을 줄일 수 있다.

마지막으로 리허설을 통해 배우의 동선을 미리 체크할 필요가 있다. 비전문 배우의 경우 카메라의 앵글 안에서 움직이는 것이 익숙하지 않기 때문에 연기 도중 카메라의 앵글을 벗어날 수 있다. 따라서 리허설을 하며 움직임의 범위를 확인해서 알려줄 필요가 있다.

비전문 배우라고 해서 너무 제약을 가하는 것은 아닌가 생각할 수 있지만, 비전문 배우일수록 디테일한 지시가 오히려 마음을 편하게 해줄 수 있다는 사실을 기억해야 한다.

대본 리딩

배역이 모두 결정되고 나면 대본 리딩 시간을 갖는다. 대본 리딩은 말 그대로 대본을 처음부터 끝까지, 배역을 맡은 사람들이 직접 읽어보는 자리이다. 하지만 단순히 대본을 읽어본다는 의미를 넘어서 출연자와 연출부가 처음 다 함께 모이는 시간이기도 하다.

대본을 읽을 때 대사는 해당 배역을 맡은 배우가 읽고, 지문은 연출부가 읽으며 진행한다. 당연히 모든 출연자가 참석한 상태로 진행하면 좋겠지만 부득이한 사정으로 배우가 참여하지 못한 경우 해당 배역의 대사는 연출부가 대신 읽기도 한다. 리딩이 시작되면 가급적 흐름을 끊지 않고 진행하면서 배우와 연출부가 함께 극의 전체적인 흐름을 잡을 수 있도록 하는 것이 좋다. 연출자는 리딩이 진행되는 동안 필요한 사항을 메모해뒀다가 리딩이 끝나고 한번에 의견을 제시하는 것이 좋다.

대본 리딩은 연출자가 배우들에게 작품의 분위기나 방향성에 대해 한 자리에서 설명할 수 있는 기회이다. 또한 배우들의 리딩을 들으며 배우의 톤에 맞게 대사를 수정할 수 있는 기회가 되기도 하고, 배우와 연출자가 작품에 대한 생각을 맞춰갈 수 있는 자리이기도 하다. 촬영에 들어가기 전에 미리 소통할 수 있는 기회가 많을수록 실제 촬영에 들어갔을 때 더 빠르게 진행할 수 있다.

연출자가 배우와 소통해야 하는 부분은 연기해야 할 감정의 단계, 즉 세기이다. 가령 슬픈 감정이라면 흐느끼듯 슬픈 것인지, 슬픔이 폭발해 오열하는 것인지 그 씬에 해당하는 감정의 세기를 정리하는 것이 필요하다. 물론 배우에게 일방적으로 연출자의 생각만 주입하려 하기보다는 배우가 해석한 연기에 대해서 의견을 나누는 것도 필요하다.

리딩 외에 연기 리허설까지 따로 할 수 있다면 좋겠지만 배우의 스케줄이 있기 때문에 촬영 이외에 별도로 시간을 내서 리허설을 하는 것은 무척 힘든 일이다. 따라서 리딩 하는 자리에서 연기에 대해 충분히 설명할 수 있어야 한다.

프로덕션

프로덕션의 시작

작품이 정해지고 촬영을 계획하는 프리프로덕션 단계를 성실히 수행했다면, 이제 실제 촬영이 이뤄지는 프로덕션 단계로 넘어가야 한다. 앞서 언급했듯이 나는 학생들에게 당장 카메라를 들고나가서 일사천리로 촬영을 마무리할 자신이 있을 때 프로덕션 단계로 넘어가라고 가르친다. 연출자의 머릿속에 작품이 그려지지 않았다면, 촬영장에서 어떻게 움직여야 할지 잘 모르겠다면 아직은 카메라를 들 때가 아니다. 현장에서 갈팡질팡하며 확신 없는 연출자는 리더로서 팀을 끌고 갈 수 없다. 촬영은 경험한 적 없는 사람들이 상상하는 것 이상으로 힘든 순간이 많고 변수도 많다. 머릿속으로 상상했던 샷이 막상 촬영하면 그 느낌이 살지 않을 때도 많다. 이렇게 예상 밖의 모든 순간에 연출자는 빠르게 결정을 내릴 수 있어야 한다.

그래서 나는 학생들이 단편 작품을 만들겠다고 나설 때 이 말을 꼭 해준다. 작품이란 건 내가 생각한 그 작품을 기필코 완성해서 내 눈으로 꼭 보고야 말겠다는 연출자의 집착이 있어야만 세상에 태어날 수 있다고 말이다. 그렇게 결연한 마음으로 준비하고 시작해도 끝까지 완주하지 못하는 경우를 자주 보게 된다.

이제 그 정도로 철저하게 계획이 세워지고, 끝까지 해낼 마음의 준비가 갖춰졌다면 프로덕션으로 넘어가도 좋다.

이 장에서는 연출자가 프로덕션을 이끌어 가기 위해 알고 있어야 할 기술적 사실들을 말해보려고 한다. 연출자는 배우는 물론이고 촬영감독을 비롯한 조명, 음향 등 기술 스태프와도 원활하게 소통할 수 있어야 하기 때문이다.

촬영

배우를 제외하고 연출자가 가장 많은 소통을 하게 되는 것은 촬영에 대한 내용일 것이다. 훌륭한 촬영감독이 함께한다면 연출자가 반드시 카메라를 잘 알아야 하는 것은 아니다. 하지만 '이런 느낌으로'라고만 말해도 생각한 그대로 알아서 찍어줄 수 있는 촬영감독은 거의 없다. 따라서 연출자는 자신이 원하는 것을 촬영감독에게 정확하게 말할 수 있어야 한다. 그러기 위해서는 카메라와 촬영에 대한 이해가 바탕이 되어야 한다.

기본 촬영 용어

(1) 이야기의 단위 / 샷 Shot 과 컷 Cut

작품의 단위를 이야기 할 때
프레임(frame) < 샷(shot)/컷(cut) < 씬(scene) <
시퀀스(sequence) < 스토리(story)/무비(movie)

위의 순서로 이야기한다. 촬영의 가장 작은 단위는 프레임이다. 영화는 여러 장의 그림을 빠르게 넘김으로써 움직이는 것처럼 보이게 만드는 것인데, 그 한 장 한 장의 그림을 프레임이라고 한다. 과거에 영화는 1초에 24장의 프레임을 넘겼고, 방송은 29.97프레임을 넘겨서 보여줬는데, 이제는 60프레임 영상도 많이 사용된다.

프레임이 모여서 샷(컷)을 이루는데, 샷은 촬영 용어이고 컷은 편집 용어라고 생각하면 이해하기 쉽다. 샷은 촬영 버튼을 눌러서 촬영을 시작하면서부터 촬영을 멈출 때 까지를 말한다. 따라서 촬영에서는 프레임이 모인 단위가 샷이 되는데, 편집 시에는 촬영된 샷을 전부 사용하지 않고 필요 없는 부분을 잘라내고 사용하기 때문에 컷이라고 표현한다.

컷이 모여서 씬을 형성하게 되는데, 씬은 일반적으로 장소에 따라 구분한다. 강의실 씬, 운동장 씬과 같이 장소로 씬의 이름을 붙여서 사용하며 시나리오의 씬 단위 역시 장소에 따라 나눠서 사용한다.

씬이 모여서 형성된 작은 이야기의 단위를 시퀀스라고 부른다. 예를 들면 '회상 시퀀스'라고 한다면 주인공이 과거를 상상하는 작은 이야기 단위로 강의실씬, 운동장씬, 거리씬 등 여러 씬이 모여서 만들어지게 된다. 그래서 시퀀스는 하나의 이야기 단위를 지칭하며 추격 시퀀스, 이별 시퀀스 등의 이야기 단위로 이름을 붙일 수 있다. 이렇게 시퀀스가 모여져서 하나의 영화, 혹은 이야기가 탄생하게 되는 것이다.

이야기의 단위를 칭하는 용어를 잘 기억하고 있어야 현장에서 스태프와 촬영 계획을 세울 때 소통이 편리해지기 때문에 꼭 기억하는 것이 좋다.

(2) 카메라 고정 시야 (팬 Pan / 틸트 Tilt / 줌 Zoom)

촬영에 돌입하면 거의 대부분의 장면에서 카메라를 삼각대에 고정한 상태로 촬영하게 된다. 장비가 무겁다며 호기롭게 카메라를 손에 들고 촬영하는 핸드헬드 촬영에 도전하는 학생들을 많이 보게 되는데, 아주 높은 확률로 생각보다 많이 흔들린 화면을 보며 편집하다 말고 한숨을 쉬고 있는 모습을 발견하게 된다. 촬영하면서 작은 뷰파인더로 확인했더라도 큰 화면에서 보면 훨씬 많이 흔들려 보이게 된다. 우리 몸은 기계가 아니므로 귀찮고 무겁더라도 카메라를 삼각대에 고정해서 촬영하는 것이 좋다.

물론 현장감을 위해 핸드헬드 촬영을 적극적으로 사용하는 작품들도 존재하지만 특별한 의도가 없다면 카메라를 고정해서 촬영하게 된다. 카메라가 고정된 시야에서 좌우로 움직이는 것을 패닝(Panning) 한다고 표현하고, 상하로 움직이는 것을 틸팅(Tilting) 한다고 표현한다.

Panning은 카메라의 위치가 고정된 상태로
좌우로 회전하는 것을 말한다

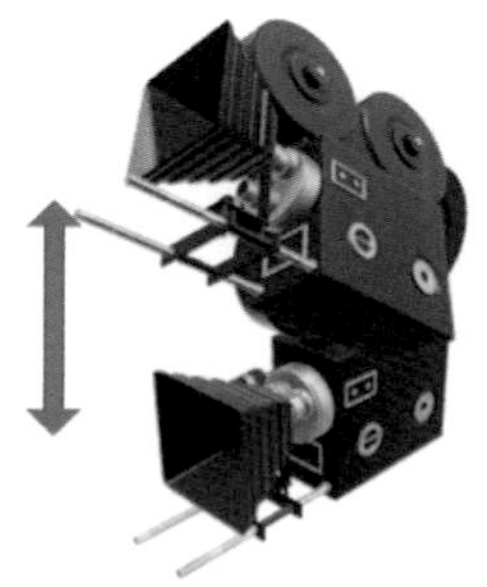

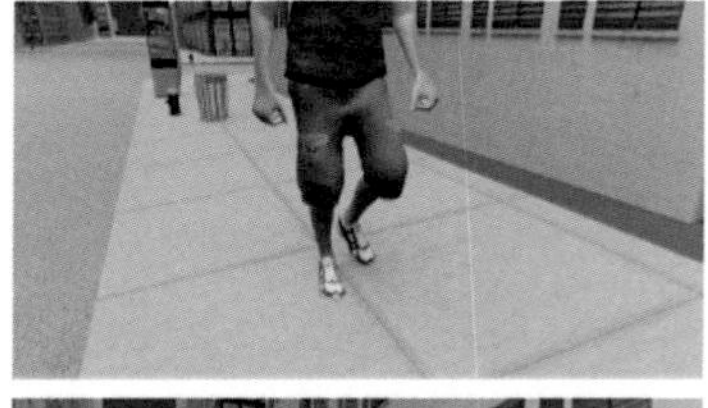

Tilting은 카메라의 위치가 고정된 상태로
위 아래로 회전하는 것을 말한다

팬과 틸트는 카메라가 바라보는 방향을 상하좌우로 회전하는 것을 의미하지만 주밍 샷(Zooming Shot)은 렌즈의 초점거리를 조절해서 피사체를 점점 확대하는 줌인(Zoom In), 점점 축소하는 줌아웃(Zoom Out)으로 표현한다.

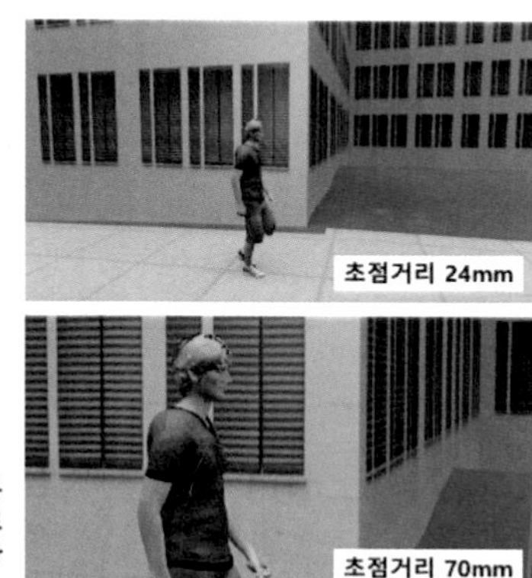

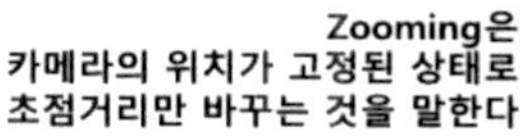
Zooming은
카메라의 위치가 고정된 상태로
초점거리만 바꾸는 것을 말한다

카메라를 고정한 상태로 패닝, 틸팅, 주밍 할 때는 항상 최종 시야에 몸을 맞춰야 한다. 만약 왼쪽에서 오른쪽으로 패닝하는 장면을 촬영한다면, 샷의 최종 상태 즉, 오른쪽을 바라보는 상태에서 촬영자의 몸이 편안하도록 자세를 잡은 다음 카메라를 왼쪽으로 돌려서 촬영을 시작하는 것이 좋다. 주밍 샷도 마찬가지로 샷의 마지막 상태에서 손이 편안하게 자세를 잡은 다음 불편한 자세로부터 촬영을 시작하는 것이 좋다. 촬영 자세가 불편한 자세로 시작해서 편한 자세로 이동하도록 할 때 보다 안정적인 촬영이 가능해지기 때문이다.

(3) 카메라 이동(트래킹 Tracking / 달리 Dolley / 아크 Arc)

앞의 용어들은 카메라의 위치를 고정한 채로 시점을 이동하는 용어였다면, 이번에 살펴볼 용어들은 카메라의 위치가 움직이는 촬영 용어이다. 고정 시야로 촬영하는 것과 카메라가 움직이는 것은 매우 다른 느낌을 주게 된다.

카메라가 레일 등을 이용해 좌우로 움직이는 촬영을 트래킹이라고 표현한다. 패닝과 달리 카메라가 피사체의 움직임을 따라가며 촬영하기 때문에 배경이 보다 속도감 있게 변하게 된다.

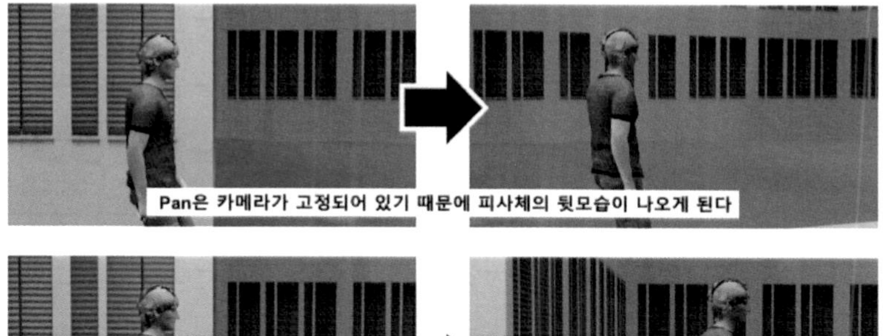

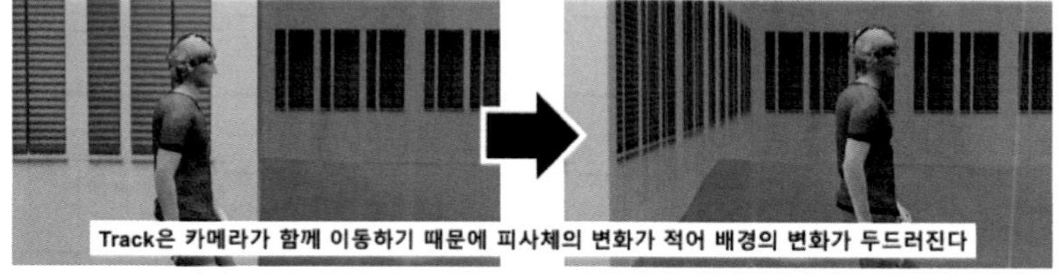

카메라가 피사체를 향해 가까이 가거나 멀어지는 촬영을 달리라고 한다. 트래킹이나 달리 모두 바퀴가 달린 보조 장치를 사용하게 되는데, 단순히 바퀴만 달고 촬영하는 것보다 레일을 깔고 촬영하는 것이 훨씬 안정적인 촬영이 가능하다. 카메라가 피사체에게 가까이 다가가며 촬영하는 것을 줌으로 하는 것과 같을 것이라고 생각할 수 있는데, 주밍 샷은 초점거리를 변화시키기 때문에 피사체와 배경의 거리감에 영향을 미치게 되지만, 달리 샷은 카메라가 이동하기 때문에 배경과 피사체의 거리감에 영향을 미치지 않는다. 짧은 초점거리의 달리 샷은 거리감이 증폭되어 보다 역동적인 느낌을 연출할 수 있다.

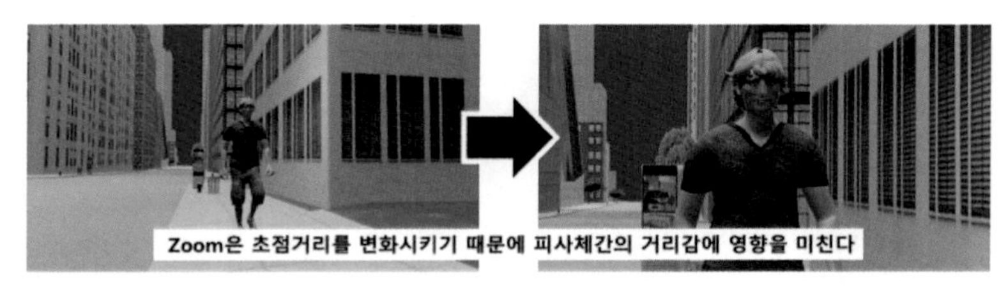

마지막으로 아크(Arc)는 피사체를 중심으로 호를 그리는 촬영 방식을 이야기한다. 피사체를 화면에 고정하고 여러 방향에서 보여줄 수 있기 때문에 흥미로운 장면을 연출할 때 유용하다.

촬영 포맷 선택

디지털 촬영이 일반화되었기 때문에 촬영할 때 촬영 포맷에 대해서 미리 이야기 나누는 것이 좋다. 편집을 거쳐서 최종적으로 만들어지는 작품의 화질은 처음 촬영된 화질보다 좋을 수 없기 때문이다. 최종 영상을 4K 해상도로 만들고 싶은데 촬영을 FHD로 했다면 곤란한 상황에 처하게 된다.

높은 해상도와 색 공간을 가진 파일로 촬영을 해두면 색 보정 등 편집 과정에서 촬영본을 수정할 수 있는 여지가 많아진다. 하지만 촬영본의 품질이 좋으면 좋을수록 용량이 커지기 때문에 카메라에 들어가는 SD 카드나 SSD 같은 저장 장치도 대용량이 요구되고, 편집 과정에서 더 높은 사양의 컴퓨터도 필요해진다. 따라서 적절한 촬영 포맷을 미리 결정해두는 것이 좋다.

(1) 해상도 / 종횡비

해상도란 화면의 가로 X 세로에 몇 개의 픽셀(화면 입자)이 들어가는가를 말한다. 당연히 픽셀의 수가 많을수록 고해상도 즉, 고화질 화면이 된다. 일반적으로 사용되는 해상도는 아래 그림과 같이 구분할 수 있다.

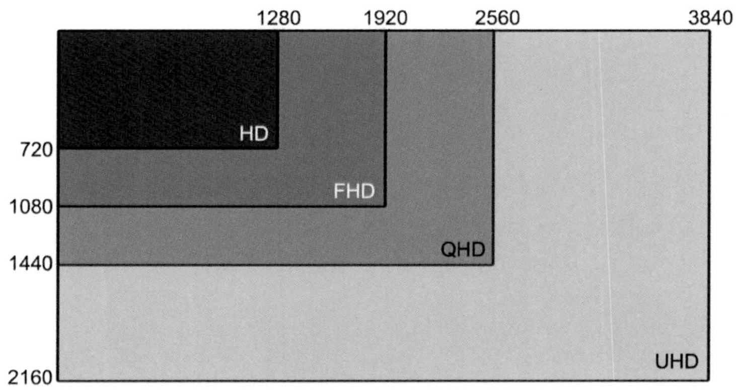

16:9 화면의 해상도에 따른 크기 비교

일반 가정에서 사용하는 TV나 컴퓨터 모니터에 맞춰 대부분의 가정용 영상물은 가로:세로 16:9의 화면비를 갖고 있다. 때문에 해상도를 표현할 때 1080p와 같이 세로 값만으로 표시하기도 한다. 숫자 뒤에 p나 i가 붙어있는데, 이는 과거 TV 송출방식에서 유래한 것으로 Progressive 방식과 Interace 방식의 앞 글자를 따서 붙여진 것이다. 결론부터 말하자면 p(프로그레시브 방식)가 화질 저하 위험이 적은 대신 용량이 더 큰 방식이라고만 알아둬도 된다.

가정용 TV나 모니터가 4K 이상을 지원하는 경우가 많아졌기 때문에 무조건 4K 이상으로 만들어야 한다는 강박을 갖기보다는 내가 만드는 콘텐츠가 어떤 용도인지를 먼저 생각하고 적절한 해상도를 갖게 하는 것이 좋다. 예를 들면 모바일 시청을 목표로 만들어지는 영상이라면 개인적으로 FHD(1920*1080)로도 충분하다고 생각한다.

픽셀의 수에 의해 결정되는 해상도도 중요하지만, 가로X세로 비율을 뜻하는 화면비는 연출적으로 중요한 부분이다. 16:9 화면비가 보편적이라고 해서 모든 영상을 16:9로 만들어야 하는 것은 아니다. 실제로 영화에서는 2.35:1이나 1.85:1처럼 16:9의 화면보다 가로로 더 긴 비율도 많이 사용된다. 물론 아이맥스의 1.43:1처럼 오히려 16:9보다 가로가 짧은 비율도 사용된다. 2021년에 공개된 영화인 잭 스나이더감독의 <저스티스 리그>는 그보다 더 짧은 1.33:1의 화면비로 공개된 바 있다.

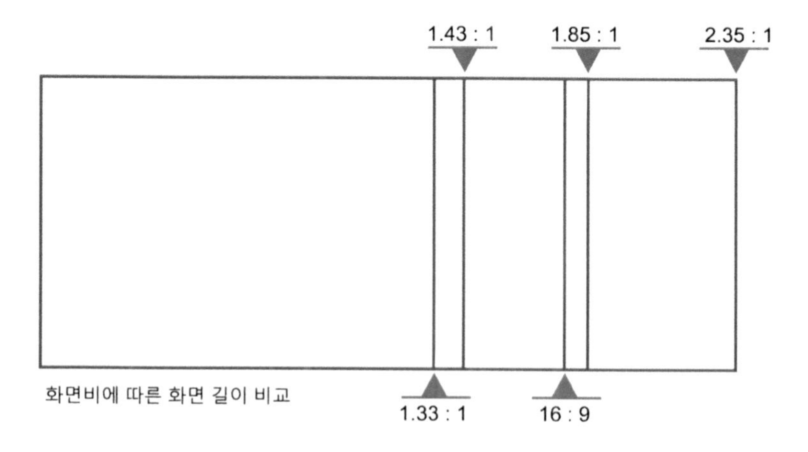

화면비에 따른 화면 길이 비교

같은 앵글을 사용하더라도 화면비 즉, 가로 세로의 비율에 따라 느낌에도 차이가 나타나게 된다. 똑같이 배우를 클로즈업으로 잡더라도 화면의 가로 길이가 길수록 화면에 배경이 더 많이 등장하게 된다. 반대로 화면의 가로 길이가 짧으면 배경보다 배우에 더 집중되는 경향이 생긴다.

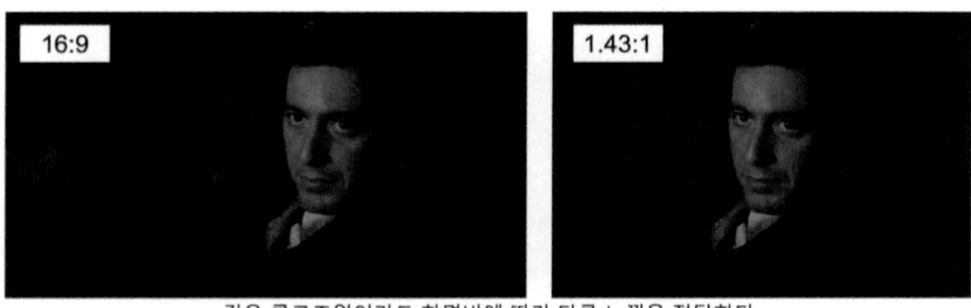

같은 클로즈업이라도 화면비에 따라 다른 느낌을 전달한다

따라서 내가 만들고자 하는 작품이 관객 혹은 시청자에게 어떤 것을 더 전달하고자 하는가를 고려하여 촬영 단계부터 신중하게 접근할 필요가 있다.

(2) 파일 포맷

촬영본은 파일로 저장되기 때문에 어떤 형태의 파일로 저장할 것인지에 대해서도 고려해야 한다. 앞서 언급했듯이 최종 결과물의 화질은 촬영본의 화질보다 좋을 수 없지만 그렇다고 해서 무조건 고화질만을 고집한다면 고성능의 편집 시스템이 아니면 감당하기 어렵다. 또한 편집 환경에 따라 원활하게 편집이 가능한 파일 포맷을 사용하는 것이 이후 작업에 유리하기 때문에 알아두는 것이 좋다.

상용코덱 / 매개코덱

코덱(Codec)은 파일의 압축과 해제를 위한 방식을 이야기하는 것으로, H.264, CineForm 등 여러 코덱이 존재한다. 하지만 모든 코덱이 다 편집에 유리한 것은 아니다. 코덱은 크게 상용 코덱과 매개 코덱으로 구분할 수 있는데, 상용 코덱은 편집을 완료한 영상의 최종본에 사용하는 압축 방식으로 어느 시스템에서나 시청이 가능한 범용성 있는 코덱을 이야기한다. 주로 mp4 확장자가 많이 사용되며, 사용되는 코덱은 H.264나 H.265를 주로 사용한다. 이들 코덱은 효율성에 초점을 맞추고 있기 때문에 압축을 통해 적은 용량으로 높은 품질을 구현하는데 목적이 있다.

매개 코덱은 편집 과정을 위한 코덱을 말한다. 압축률보다는 원본 그대로의 화질이 중요하기 때문에 파일의 크기가 매우 크다. 대표적으로 애플의 ProRes, GoPro의 CineForm, Avid의 DNxHD/HR, Blackmagic RAW와 같은 코덱이 있다. 원본에 가까운 화질로 편집하기 위한 코덱이므로 파일의 용량이 매우 크고 편집을 위한 컴퓨터 역시 좋은 성능을 필요로 한다. 하지만 이런 고용량 파일로 편집하는 경우를 위해 편집 소프트웨어에서 프록시 편집을 지원하기도 하는데, 편집 과정은 용량이 작은 파일로 진행하고 최종 출력에서 원본 파일을 사용하는 방식을 말한다.

렌즈 선택

촬영감독에게 연출자가 생각한 장면을 주문하기 위해서 고려할 사항 중 카메라의 기능적인 부분은 거의 렌즈 선택에 의해 결정된다. 렌즈에 의해 결정되는 두 가지가 조리개와 초점거리인데, 이 두 가지에 의해 화면의 분위기가 크게 달라지기 때문이다.

(1) 조리개

조리개의 기본적인 역할은 빛의 양을 조절해서 화상의 밝기를 결정하는 것이다. 조리개가 하는 또 하나의 중요한 역할은 화면의 심도를 결정하는 것인데, 여기서 심도는 초점이 맞는 깊이를 이야기한다. 심도가 깊다는 것은 가까운 것부터 멀리 있는 피사체까지 모두 또렷하게 나오는 것을 의미하고, 심도가 얕다는 것은 중심 피사체 외의 다른 것들이 흐릿하게 나오는 것을 말한다.

조리개를 열수록 심도가 얕아지는 현상이 나타나게 되는데, 감정씬 등 배우에게 집중되는 화면을 원한다면 촬영감독에게 조리개를 열어서 심도를 얕게 촬영할 것을 주문하면 된다. 반대로 배경에 중요한 정보가 있다면 심도를 깊게 촬영하는 것이 도움이 될 것이므로, 이때는 조리개를 닫도록 주문한다.

(2) 초점거리

흔히 렌즈를 말할 때 '몇 미리 렌즈'라고 부르는데, 이때 말하는 mm의 수가 렌즈의 초점거리를 말한다. 초점거리란 렌즈로부터 센서까지의 거리를 말하는데, 미리 수가 큰 렌즈는 줌을 당긴 상태와 같다고 이해하면 된다.

초점거리는 단순히 줌을 당겼다는 의미 이상으로 화상에 큰 영향을 끼치게 되는데, 우선 화각 즉 화면에 잡히는 범위에 영향을 미친다. 초점거리가 긴 렌즈는 화각이 좁아서 협각 렌즈라고 부르고 초점거리가 짧은 렌즈를 와이드, 혹은 광각렌즈라고 부른다. 다음 사진에서 보듯이 화면상에서 인물을 같은 크기로 찍었다고 해도 초점거리가 짧은 렌즈의 화각이 더 넓기 때문에 한 화면에 배경이 더 많이 들어오게 된다. 반대로 초점거리가 긴 렌즈는 화각이 좁기 때문에 배경보다는 인물에 집중되는 경향이 있다.

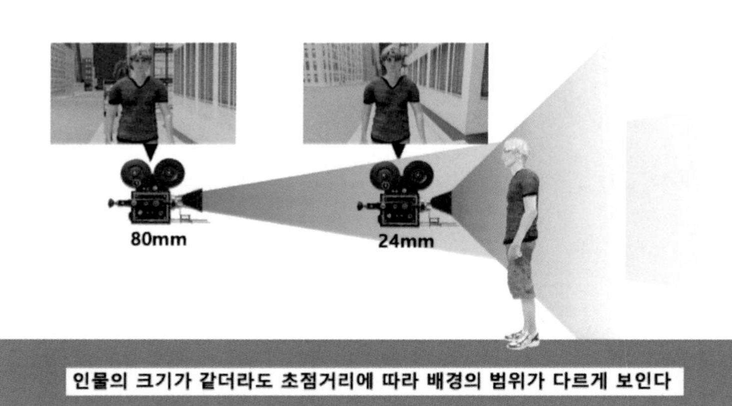

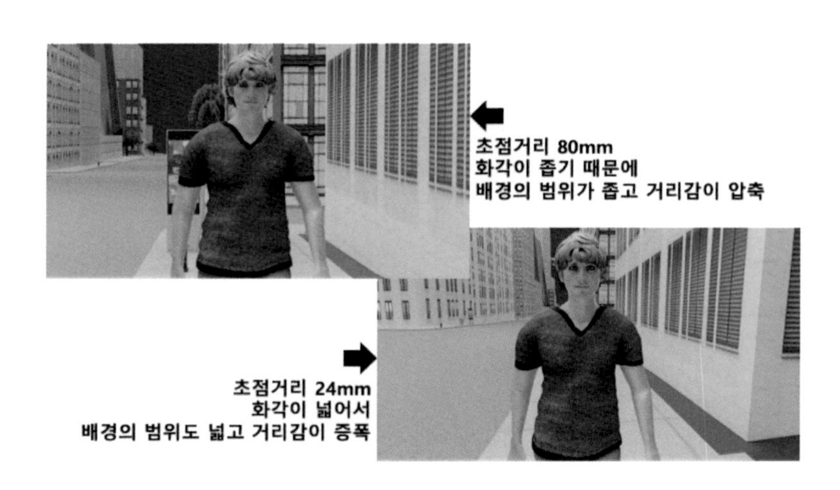

화각과 함께 초점거리가 결정하는 중요한 요소가 거리감 즉, 피사체 간의 거리를 왜곡해서 보이게 한다는 점이다. 이때 초점거리가 짧은 렌즈는 거리감을 증폭시켜서 더 멀게 보이도록 하고, 초점거리가 긴 렌즈는 거리감을 압축시켜서 더 가깝게 보이도록 만든다. 앞서 화각을 설명한 이미지를 다시 보면 화각이 넓어지면서 인물과 배경 사이의 공간감이 더 크게 부각되는 것을 볼 수 있을 것이다.

렌즈의 이러한 성질을 이용해서 히치콕 감독은 영화 <현기증>에서 마치 CG처럼 배경이 멀어지며 빨려 들어가는 듯한 장면을 연출해냈다.

Zoom Out과 Track In을 동시에 사용하여 마치 계단 아래로 빨려들어가는 듯한 느낌을 표현했다

이런 촬영 기법을 '줌아웃-트랙인'이라고 하는데, 줌아웃 하면 초점거리가 짧아지면서 인물과 배경의 거리가 멀어지는데, 줌아웃 하는 만큼 카메라를 인물로 가까이 다가가게 함으로써 화면상에서 인물은 그대로 있고 배경만 뒤로 멀어지는 듯한 효과를 만들어낸 것이다. 줌아웃-트랙인, 혹은 줌인-트랙아웃 효과는 인물이 어떤 사실을 발견했거나 혹은 인물들 간의 관계 변화 등 추상적인 느낌을 전달하기 위해서 지금도 자주 사용되는 촬영기법이다.

(3) 렌즈 선택 시 주의사항 - 마운트 종류 확인

시중에 나와있는 모든 렌즈와 모든 카메라 바디가 연결 가능한 것은 아니다. 렌즈와 바디의 연결 규격이 다르기 때문인데 EF 마운트, MFT 마운트 등 카메라와 렌즈의 연결 규격을 각각 확인해야 한다. 만약 맞지 않다면 어댑터를 사용해야 하므로 미리 확인하는 것이 좋다.

앵글 선택

앵글은 카메라의 높낮이를 말하는 용어로 하이앵글 / 로우앵글 / 아이 레벨, 그리고 극단적 하이앵글인 버즈아이로 나눈다. 여기서 하이앵글은 카메라가 높은 곳을 찍는 것이 아니라 카메라가 높은 곳에서 낮은 곳을 향해 찍는 것으로, 앵글의 이름은 카메라의 위치에 의해 결정되는 것이다.

앵글을 선택할 때 주의를 기울여야 하는 이유는 앵글은 연출자가 대상을 바라보는 관점을 드러내는 것이기 때문이다. 우리가 흔히 위대한 인물을 '우러러 본다'라고 표현하듯이 카메라가 특정 인물을 로우 앵글로 촬영하게 되면 그 인물이 힘 있게 느껴지게 된다. 반대로 '깔본다'는 표현처럼 카메라가 하이 앵글로 인물을 촬영하면 해당 인물이 힘없고 약해 보이는 결과를 가져오게 된다.

따라서 특별한 의도가 없는 한 거의 모든 앵글은 아이 레벨 즉, 마주 보고 있는 눈높이로 촬영하는 것이 가장 좋다. 특히 실수를 많이 하는 경우가 키 차이가 있는 두 배우의 대화씬을 찍을 때 배우의 시점을 살리겠다며 키 작은 배우를 하이 앵글로, 키 큰 배우를 로우 앵글로 촬영한 것을 종종 보게 된다. 이 경우 앵글 변화로 인해 연출하고자 했던 의도와 멀어지는 경우가 발생할 수 있기 때문에 두 사람 간의 관계의 불균형을 표현하는 것이 아니라면 키 차이가 있는 배우의 대화 씬이라고 해도 아이 레벨을 사용하는 것이 더 좋은 결과물이 된다.

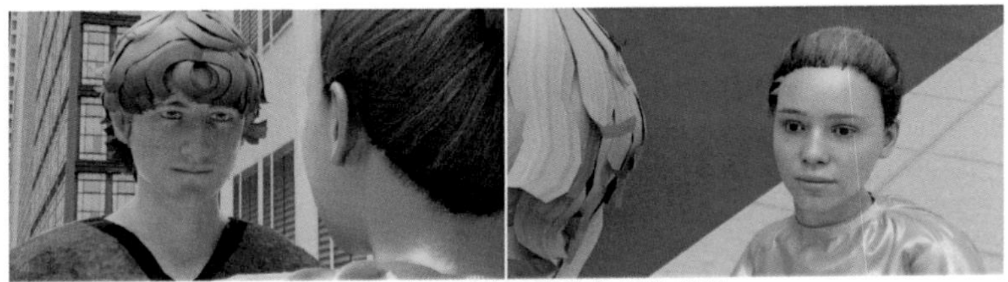

로우앵글, 하이앵글로 촬영한 대화 장면

각각의 아이레벨로 촬영한 대화 장면

샷 선택

(1) 크기에 따른 샷

샷은 카메라 안에서 인물의 크기를 이야기하며, 가까운 것부터 익스트림클로즈업 - 클로즈업 - 바스트샷 - 미디엄샷 - 니샷 - 풀샷 - 롱샷 - 익스트림롱샷으로 구성된다. 각 샷의 명칭에 따른 분류는 아래 그림을 참조하기 바란다.

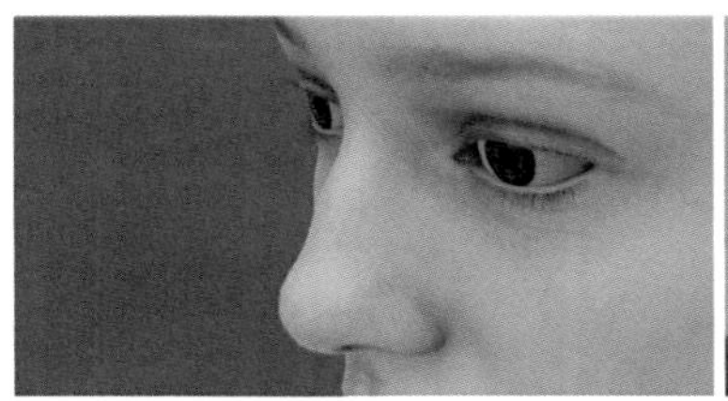

익스트림 클로즈업
특정 부위를 부각시키듯
확대하는 컷으로
극적인 감정을 연출한다

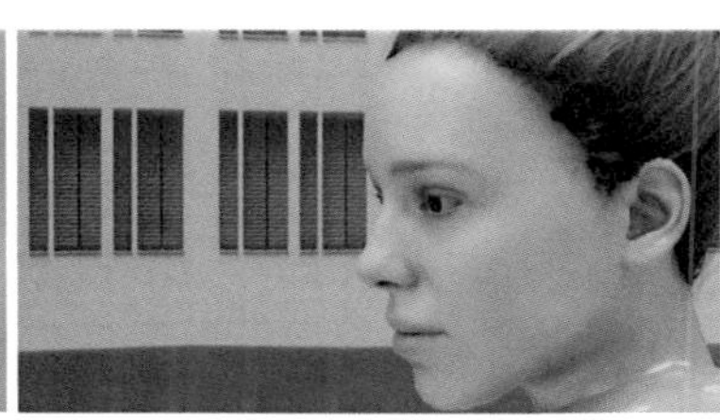

클로즈업
대상의 식별이 가능한 정도로
확대된 샷으로
감정에 중심을 둔 연출장면

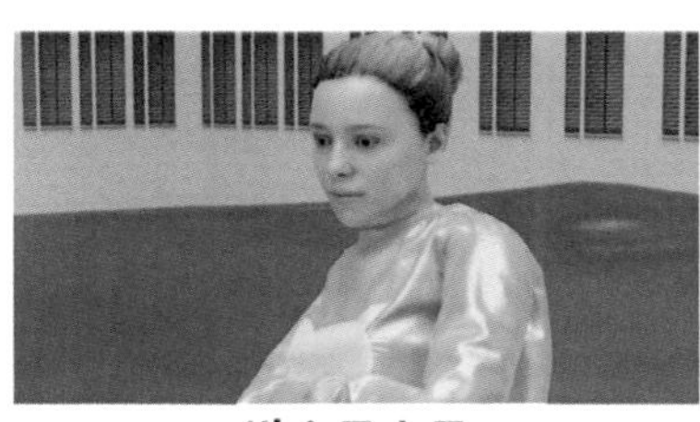

바스트쇼트

미디엄쇼트

바스트와 미디엄 쇼트는 대화장면에서 가장 흔히 사용된다
입모양과 표정 전달이 잘 되기 때문에 음성언어 전달이 용이하다

니(Knee)쇼트 **풀쇼트**

몸짓언어와 동선까지 배우의 행동을 보여주는데 용이한 쇼트

샷의 크기를 결정할 때 우선 고려할 것은 '감정'이다. 월터 머치는 그의 책 <눈 깜박할 사이>에서 편집에 가장 중요한 것을 감정이라고 했다. 연출자로서 장면을 연출할 때 가장 중요하게 여겨야 할 것이 바로 감정이고, 더 정확히는 '감정의 흐름'일 것이다.

샷은 감정 전달에 많은 영향을 미친다. 기억해야 할 것은 카메라와 배우의 거리가 가까울수록 배우의 감정이 관객에게 더 잘 전달된다는 것이다. 여러 작품들이 클라이맥스 장면에서 배우의 얼굴을 아주 가깝게 잡으면서 긴장감을 고조시키는 것을 보게 되는데, 이는 샷 선택을 통해 감정을 연출한 결과라고 볼 수 있다. 이와는 반대로 영화 <올드보이>의 유명한 장도리 격투 장면은 롱샷으로 거리감을 유지함으로써 관객들이 감정보다는 실제 격투를 목격하는 듯한 사실적 연출로 더 큰 긴장감을 만들어낸 바 있다.

흔히 생각하는 연출 작품은 아니지만, 샷의 선택과 감정 전달의 상관관계를 잘 보여주는 샷 구성은 북한 방송의 뉴스 앵커와 미국 뉴스의 앵커 샷을 비교해보면 잘 드러난다. 북한의 뉴스 앵커 장면을 눈여겨보면 앵커와 카메라의 거리가 멀다는 느낌을 받는다. 반대로 미국의 뉴스 앵커 장면은 앵커가 화면을 뚫고 나올 듯이 아주 가깝게 연출된 것을 볼 수 있다.

이는 앞서 언급한 감정의 전달과 밀접한 영향이 있는데, 북한에서의 뉴스는 국가 홍보수단으로 이용되기 때문에 긴장감을 연출하기보다는 안전하고 평화로운 느낌으로 연출하는 것이 유리하다. 반대로 미국의 뉴스는 상업적인 뉴스로, 같은 사건이라도 긴박하게 느껴지도록 전달하는 것이 유리하다.

어떤 작품이든 감정에 초점을 맞춘 장면을 살펴보면 과감한 클로즈업을 사용하는 것을 보게 되는데, 머리 윗부분이 잘려나갈 정도로 가깝게 잡는 것을 매우 흔하게 볼 수 있다. 여기서 전문가와 비전문가의 차이가 드러나는데, 여러 교육에서 일반인을 대상으로 촬영 실습을 시켜보면 마치 사람의 얼굴 일부가 잘려나가면 큰일이라도 나는 것처럼 가깝게 촬영하는 데 부담을 느낀다. 그러나 전문 촬영감독은 다른 무엇보다도 감정에 집중하기 때문에 얼굴을 과감히 자르면서까지 가깝게 잡는다. 오늘부터 드라마나 영화에서 감정 전달이 중요한 장면을 눈여겨보기 바란다. 사람의 정수리가 잘리는 것이 매우 흔한 일이라는 사실을 알게 될 것이다.

(2) 용도에 따른 샷

마스터 샷 (Master Shot)

일반적으로 새로운 장소에서 씬을 시작할 때 장소와 인물들 간의 위치를 한눈에 파악할 수 있도록 하기 위한 샷으로, 등장인물들과 배경이 한눈에 들어오도록 촬영되는 샷을 말한다. 이후에 이어질 샷들이 마스터 샷에 보이는 평면을 기준으로 180도 라인을 형성하게 되므로 처음에 마스터샷 부터 촬영하는 것이 이후 촬영에 도움이 된다.

오버 더 숄더 샷 (Over the shoulder shot)

말 그대로 다른 배우의 어깨가 화면에 걸치도록 촬영하는 것을 말한다. 주로 대화 장면에서 많이 사용되는데, 두 사람이 한 화면에 잡히는 구도로써 관계를 표현할 수 있도록 연출할 수 있다는 장점이 있다.

과거 4:3 비율을 사용할 때 보다 좌우로 넓어진 화면비에서 더 자주 사용되고 있는데, 화면에 걸쳐지는 다른 인물을 통해 자연스럽게 프레임 공간을 채워줄 수 있기 때문에 피사체 외의 여백에 대한 부담을 줄여줄 수 있다.

인서트 샷 (Insert Shot)

말 그대로 편집 중간에 끼워 넣는 샷을 말한다. 가령 배우가 가방에서 담배를 꺼내서 피우는 장면이라면, 가방을 클로즈업한 샷을 중간에 끼워 넣을 수 있다. 혹은 시간의 흐름을 표현하기 위해 밤하늘을 촬영한 샷을 끼워 넣어주면 보다 자연스러운 샷의 연결이 가능해질 것이다. 이처럼 인서트 샷은 편집에서 다양한 표현을 할 수 있도록 해주기 때문에 귀찮더라도 현장에서 다양한 샷들을 담아두는 것이 좋다.

시점 샷 (POV - Point of View)

인서트 샷과 비슷한 느낌이지만, POV는 주인공이 어딘가를 바라보는 샷 앞이나 뒤에 붙여서 주인공이 바라보고 있는 것을 보여주는 용도로 사용한다. 주인공이 거리에 앉아 어딘가를 바라보는 모습을 보여주고, 노을 지는 하늘을 보여준다면 노을 지는 하늘이 주인공의 POV 샷이 되는 것이다.

구도와 여백

구도란 한 화면에서 피사체를 어떻게 배치하는가를 결정하는 것이다. 사실 삼각형, S자형 등 다양한 구도법이 존재하지만 가장 기본이 되는 구도법은 3등분법이라고 볼 수 있다.

3등분법은 아래 그림과 같이 화면을 가로 세로 3등분으로 나눈 가상의 선을 만들고, 선이 교차하는 지점에 중요한 것을 배치하는 구도 방법을 말한다.

이때 사람의 눈을 위쪽 1/3선상에 두려고 노력하는 것을 보게 되는데, 이렇게 배치하는 것이 안정적인 구도를 쉽게 찾아가는 방법일 뿐 아니라 관객의 시점이 안정되도록 배려하는 촬영 방법이기도 하다.

3등분법과 함께 여백의 방향을 생각하게 되는데, 사람이 바라보는 앞 공간의 여백을 노즈룸(Nose Room)이라고 한다. 앞의 그림처럼 사람이 바라보는 방향 쪽으로 여백을 두고, 얼굴 중앙을 세로 1/3지점에 두는 것이 안정적인 구도를 형성하게 된다. 하지만 이는 일반적으로 그렇다는 것이지 꼭 그렇게 해야만 한다는 것은 절대 아니다. 오히려 다양한 느낌을 전달하기 위해 다음 그림과 같이 여백을 반대로 형성하는 구도도 흔히 볼 수 있다.

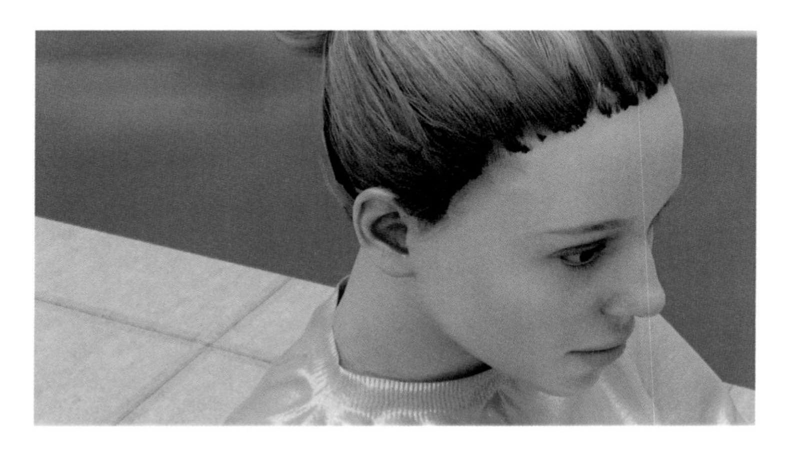

그래도 기본이 되는 구도 방식은 3등분법과, 바라보는 앞 공간에 여백을 두는 것이므로 기본을 숙지한 후 자신의 스타일을 내보는 것이 좋다. 영화나 드라마를 보면서 머릿속으로 가상의 3등분선을 그려두고 촬영감독들이 3등분선을 어떻게 활용하는지 눈여겨보면 도움이 될 것이다. 카메라나 배우가 움직임을 가져가는 샷에서도 움직임의 종착점은 3등분법을 향해 간다는 사실을 발견할 수 있을 것이다.

여백을 표현하는 용어로 노즈룸 외에도 리드룸(Lead Room)과 헤드룸(Head Room)이 있는데, 리드룸은 이동하는 앞 방향 여백을 말하는 것이고 헤드룸은 머리 위 공간을 말하는 것으로 용어를 기억해두면 현장에서 기술 스태프와 소통하는 데 도움이 되니 알아두기 바란다.

영화적 공간

영상은 모든 일이 화면 안에서 일어나야만 한다고 생각할 수 있다. 그러나 영화라는 것은 현실 세계의 일부만을 카메라로 선택해 보여주는 것이므로, 프레임 밖에도 세상이 존재할 수 있다는 사실을 기억해야 한다. 장면을 연출할 때 모든 일이 프레임 안에서만 일어나야 한다고 생각한다면 지나치게 한정된 영역을 사용하는 연출이 될 것이다. 그래서 노엘 버치는 영화적 공간을 다음과 같이 6개로 정의했다.

- 스크린 안쪽 공간
- 스크린 밖 왼쪽
- 스크린 밖 오른쪽
- 스크린 밖 위쪽
- 스크린 밖 아래쪽
- 스크린 안의 가려진 공간

모든 일이 보이는 화면 안에서만 일어나야 된다는 생각을 벗어나서 화면에 나오지 않는 공간까지 생각을 확장한다면 장면 연출의 폭이 훨씬 넓어지게 된다. 가령 두 사람이 대화하다 한 사람이 걸어서 화면 밖으로 나가더라도 화면 밖을 바라보는 남겨진 사람의 시선과 화면 밖 인물의 목소리만으로도 관객의 관심을 스크린 바깥까지 확장할 수 있는 것이다.

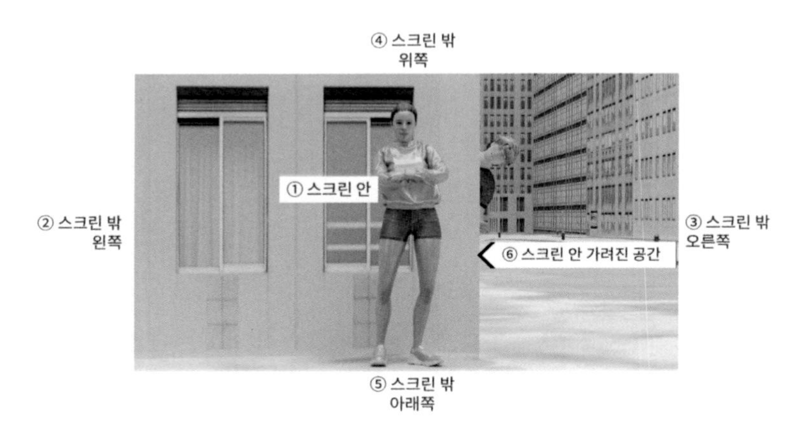

외화면 활용의 또 하나의 장점은 사운드 활용도를 높일 수 있다는 것이다. 모든 사운드가 화면 안에서만 일어나게 된다면 스테레오 등 여러 채널의 오디오를 최대로 활용할 수 없지만 외화면에서 일어나는 소리가 존재한다면 오디오의 좌우 균형을 크게 깨뜨림으로써 스테레오 사운드를 더욱 실감 나게 만드는 오디오 연출이 가능해진다.

지금까지 연출자가 알아두면 도움이 될만한 카메라 정보를 살펴보았다. 연출자는 텍스트로 존재하는 작품을 어떻게 보여줄지를 고민하고 결정하는 사람이다. 따라서 각각의 장면마다 어떻게 보일지, 어떤 감정을 전달할지를 충분히 고민하며 장면을 연출해야 한다. 카메라는 시인의 시선을 가져야 한다고 한다. 시인이 단어 하나를 고를 때 많은 의미를 함축하는 것처럼 연출자는 장면을 찍을 때 그 안에 의미를 담기 위해 노력해야 하는 것이다.

촬영 장비

카메라만 들고 있다고 해서 모든 촬영이 가능해지는 것은 아니다. 상황에 맞게 촬영을 도와주는 보조 장비들이 존재하는데, 적절하게 사용하면 원하는 장면을 원활하게 얻어내는 데 도움을 준다.

(1) 삼각대 (Tripod)

가장 기본적인 촬영 보조 장비로, 카메라를 거치해서 고정하기 위한 장치이다. 세 개의 다리를 갖고 있기 때문에 삼각대라고 이름이 붙여졌다. 시중에는 다양한 종류의 삼각대가 있는데, 가급적 어느 정도 무게를 버틸 수 있는 삼각대를 준비하는 것이 좋다. 현장에서 촬영을 용이하게 하기 위해서 다양한 보조 장비가 필요해질 수도 있기 때문이다. 뒤에 소개할 촬영 장비들은 무조건 필요한 장비 들이라고 할 수는 없지만 갖고 있으면 촬영에 도움을 주는 장비들인데, 삼각대가 무게를 버티지 못하면 사용할 수 없게 될 수도 있기 때문에 장비의 확장성을 위해서는 충분히 무게를 버틸 수 있는 것을 준비하는 것이 좋다.

(2) **베이스 플레이트 / 로드**

베이스 플레이트는 삼각대의 헤드 부분과 카메라를 연결해 주는 부분을 말한다. 그리고 로드는 긴 막대기 형태로 삼각대에 다양한 확장 액세서리를 연결할 수 있는 공간을 만들어주기 위해 필요하며 주로 15mm 두께를 일반 규격으로 사용하고 있다. 삼각대에는 로드를 장착할 수 있는 로드 클램프(로드를 고정하는 장치)가 없는 경우가 많기 때문에 다양한 장치를 추가하기 위해서는 별도로 로드클램프가 있는 베이스 플레이트를 구입해야 한다.

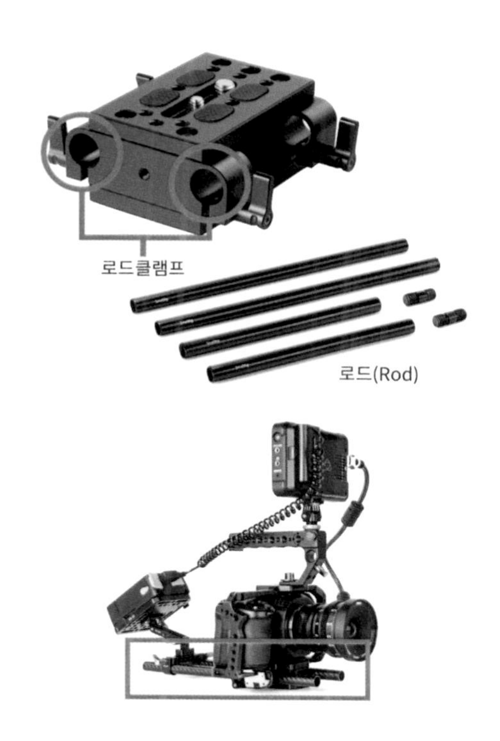

(3) 필드 모니터

촬영 감독이 카메라에 달려있는 작은 뷰파인더에만 의지해 촬영한다면 찍고 있는 화면을 자세히 들여다볼 수 없는 경우가 많다. 그래서 뷰파인더보다 큰 크기의 모니터를 별도로 설치해서 사용하는데, 이를 필드모니터라고 부른다. 필드모니터마다 다양한 기능을 지원하기도 하는데, 촬영된 화면의 흰색 영역을 알려주는 제브라 패턴을 표시해 주기도 하고,

밝기를 보여주는 웨이브폼을 표시해 주기도 하는 등 점차 강력한 기능의 필드모니터들이 등장하고 있다.

필드모니터를 카메라 위쪽에 설치해서 사용하기도 하지만, 연출자를 위한 필드모니터를 따로 준비해서 연출자가 촬영되는 화면을 실시간으로 확인할 수 있도록 할 수도 있다. 이때 유선으로 연결할 경우 현장에서 라인에 발이 걸리거나 할 수 있기 때문에 HDMI 무선 송수신기를 활용하기도 한다.

(4) V마운트 배터리 / V마운트 플레이트

촬영 장비의 배터리 중 V마운트 배터리라고 하는 커다란 대용량의 배터리가 있다. 용량이 아주 크기 때문에 촬영기기 뿐 아니라 조명기기에도 사용할 수 있는 배터리 규격이다. 카메라, 특히 시네마 카메라는 배터리 소모량이 대단히 많다. 거기에 추가로 필드모니터나 HDMI 송수신기를 사용한다면 각각의 장비를 위한 배터리를 따로 준비해야 하는데, 각각의 배터리 용량이 크지 않기 때문에 촬영 중에 배터리 교체를 위해 촬영을 중단하는 일이 발생할 수 있다.

이렇게 많은 촬영 장비를 사용하기 원할 때 각각의 배터리를 준비하기보다 용량이 큰 V마운트 배터리를 사용할 수 있다면 편리할 것이다. 이를 위해 V마운트 배터리로부터 각 촬영 장비의 규격에 맞게 전기를 공급하도록 연결해 주는 V마운트 배터리 플레이트를 사용한다. V마운트 플레이트에는 앞서 소개한 로드에 고정시켜서 사용할 수 있도록 로드클램프가 있기 때문에 다양한 촬영 장비를 활용하기 원한다면 매우 유용하게 사용할 수 있다.

V마운트 배터리 V마운트 플레이트

(5) 짐벌 / 스테디캠

장면에 따라 카메라가 이동하며 촬영해야 하는 경우가 있는데, 이때 카메라를 손에 들고도 안정적으로 촬영할 수 있도록 도와주는 대표적인 장비가 바로 짐벌과 스테디캠이다.

짐벌의 경우 별도의 전기 공급이 필요한 장치로, 모터를 이용해 카메라의 움직임을 제어한다. 휴대폰 촬영을 위한 작은 짐벌 부터 시네마 카메라에 대형 렌즈를 장착한 카메라까지 사용 가능한 대형 짐벌 까지 다양하게 출시되어 있다. 대신 큰 중량의 카메라를 제어하기 위한 짐벌은 짐벌 자체의 무게 또한 상당히 무겁기 때문에 들고 촬영하는 일이 쉽지 않은 경우도 있다.

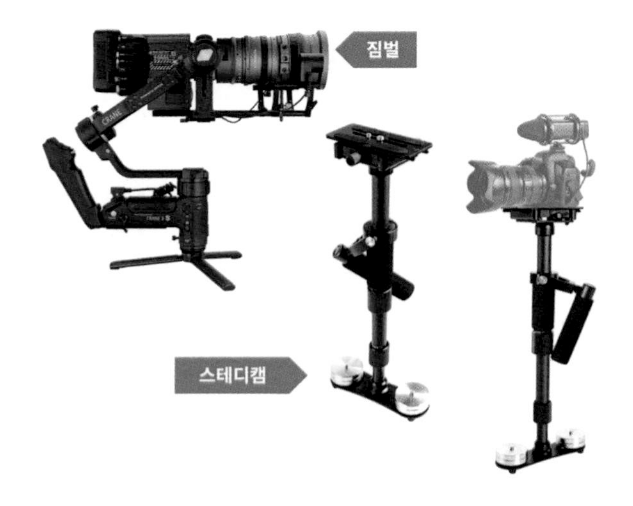

스테디캠은 별도의 전기 공급 없이 무게 추를 이용해 카메라의 무게 중심이 항상 아래쪽에 있도록 함으로써 흔들림을 막아주는 장비를 말한다. 무게 추가 달려있기 때문에 소형 짐벌 보다 무겁기 때문에 역시 많은 힘을 필요로 하고, 익숙해지기 위해 별도의 연습이 필요하다는 단점이 있다. 하지만 익숙해지면 오히려 짐벌 보다 자유로운 촬영도 가능하기 때문에 유용하게 활용할 수 있는 장비이다.

(6) 모노포드

가벼워 이동하기 편리하면서 빠르고 안정적인 촬영을 희망한다면 모노포드 사용을 고려할 수 있다. 3개의 다리가 있는 삼각대(Tripod)와 다르게 하나의 다리만을 갖고 있는 장비로, 카메라를 지지하는 역할을 한다. 카메라를 모노포드에 지지한 상태에서 패닝 등 안정적인 카메라 이동을 할 수 있게 도와주는 장비이며, 삼각대에 비해 무게가 가벼워 카메라에 장착한 상태로도 부담 없이 이동하며 촬영할 수 있다는 장점이 있다. 최근에 나온 모노포드는 작은 삼각대가 설치되어 있는 장비들도 많이 나와 있으므로 자신의 취향에 맞게 선택해서 사용할 수 있다.

다양한 형태의 모노포드

(7) 달리

카메라를 부드럽게 이동하기 위한 장치로, 수레처럼 바퀴가 있고 그 위에 삼각대를 고정할 수 있는 형태가 많이 사용된다. 바퀴를 달고 움직이기 때문에 바닥이 울퉁불퉁하지만 않으면 부드러운 이동이 가능하나 그렇지 않은 경우 카메라가 심하게 흔들리게 된다. 따라서 만약 바닥이 고르지 못하다면 레일을 설치해서 촬영해야 한다. 트래킹 샷은 카메라를 고정한 채 줌인하는 것과 전혀 다른 느낌을 준다. 그러니 꼭 달리를 구입하지 않더라도 바퀴 달린 무언가를 이용해서라도 트래킹 샷을 시도해 보는 것도 좋다.

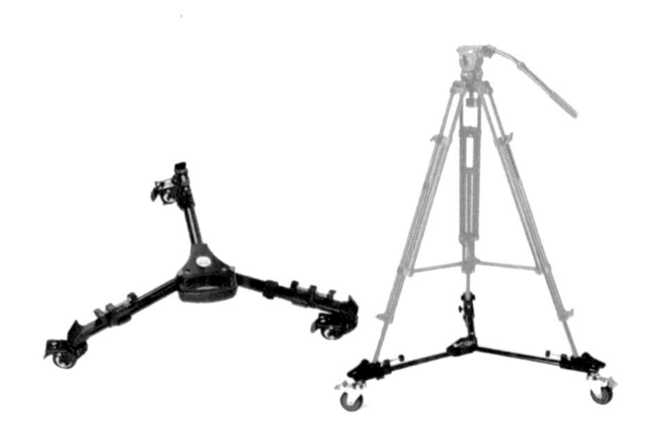

(8) 드론

드론은 아주 빠른 속도로 경량화 되고, 컨트롤 방법도 다양해지면서 방송에서도 자주 사용되는 것을 볼 수 있다. 드론을 통한 촬영은 일상적인 시야를 벗어난 촬영이 가능하도록 해주기 때문에 보는 사람들에게 신선한 느낌을 줄 수 있다. 물론 촬영물 전체를 드론으로 찍을 수는 없겠지만 인트로 시퀀스나 장소가 바뀌는 등 리프레시가 필요한 장면에 활용하면 특별한 느낌을 연출할 수 있게 해준다.

일반적인 드론과 다르게 FPV 드론은 VR 장비를 착용하고 1인칭의 시점에서 촬영하는 드론으로, 일반 드론에 비해 매우 빠른 속도로 이동이 가능하고 사용자의 숙련도에 따라서는 곡예에 가까운 비행도 가능하다. 빠른 속도와 1인칭 시점의 촬영으로 스노보드나 자전거 레이싱 등 빠른 스피드로 이동하는 장면을 촬영하는데 사용된다.

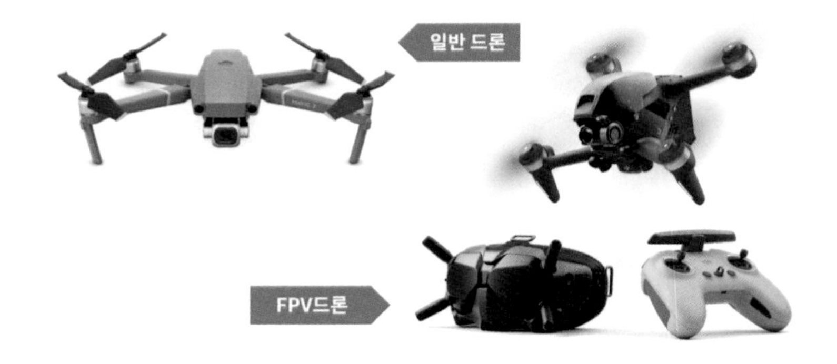

(9) 저장장치 (SD카드 / SSD)

가장 범용적으로 사용되는 저장 장치는 SD카드이지만, 시네마 카메라와 같이 고화질로 장시간 촬영을 하기 위한 카메라는 외장 SSD를 장착해 촬영하기도 한다. 카드를 선택할 때는 카드의 쓰기 속도를 확인하고 용도에 맞는 카드를 선택하는 것이 좋다. 비디오용 SD카드는 속도 표시에 V로 시작하는 로고를 붙여서 출시하는데, V6부터 V90까지 클래스가 나뉘어있고 숫자가 클수록 기록 속도가 빠른 SD카드이다. 일반적인 FullHD 촬영을 한다면 일반 클래스4부터 사용할 수 있지만 4K 이상의 촬영을 계획하고 있다면 V6 이상의 메모리카드를 사용하는 것이 좋다. 가장 빠른 V90은 8K 촬영까지 지원하는 카드이지만, 고화질을 원할수록 그에 따라 용량도 더 큰 용량이 필요하게 되므로 예산에 맞게 적절한 선택을 하는 것이 필요하다.

<table>
<tr><th rowspan="2">쓰기
최소 속도</th><th colspan="3">클래스 구분</th><th colspan="4">비디오 포맷</th></tr>
<tr><th>Speed Class</th><th>UHS Speed</th><th>Video Speed</th><th>SD</th><th>HD
FHD</th><th>4K</th><th>8K</th></tr>
<tr><td>90MB/sec</td><td></td><td></td><td>V90</td><td rowspan="7">가능</td><td rowspan="6">가능</td><td rowspan="5">가능</td><td rowspan="3">가능</td></tr>
<tr><td>60MB/sec</td><td></td><td></td><td>V60</td></tr>
<tr><td>30MB/sec</td><td></td><td>U3</td><td>V30</td></tr>
<tr><td>10MB/sec</td><td>⑩</td><td>U1</td><td>V10</td><td rowspan="4">불가</td></tr>
<tr><td>6MB/sec</td><td>⑥</td><td></td><td>V6</td></tr>
<tr><td>4MB/sec</td><td>④</td><td></td><td></td><td rowspan="2">불가</td></tr>
<tr><td>2MB/sec</td><td>②</td><td></td><td></td><td>불가</td></tr>
</table>

현장에서의 촬영 진행

촬영 현장에서 장면을 연출할 때 한 앵글로 장면의 일부만 촬영해도 된다고 생각할 수 있다. 하지만 현장에서는 가급적 모든 앵글로 장면의 처음부터 끝까지 촬영해 두는 것이 좋다. 아무리 연출자가 계획을 잘 세웠다고 해도 편집하면서 생각이 달라지는 경우도 많이 있기 때문이다. 촬영을 위해 배우와 스태프를 어렵게 소집했는데 편집하다 아쉬움이 생겼다고 해서 모든 사람을 다시 모으는 것은 쉽지 않기 때문이다. 현장에서는 귀찮더라도 가급적 다양한 샷을 충분히 확보해두는 것이 좋다. 이때 지쳐있는 현장의 스태프들을 설득하고 준비시키는 것도 연출자의 중요한 능력이다.

연출자는 가급적 큰 화면으로 모니터링하면서 '옥에 티'가 발생하지 않도록 꼼꼼히 살피는 게 좋다. 아주 좋은 OK 컷인데 현장에서 체크하지 못한 옥에 티가 찍혀있다면 낭패이기 때문이다. 그리고 배우의 연기 장면만 촬영하고 끝내기보다는 편집에 사용할 다양한 인서트 컷들도 충분히 확보하는 것이 좋다. 배우가 지갑을 여는 연기가 있다면 지갑을 클로즈업 한 인서트 등 배우와 관련된 인서트뿐 아니라, 현장 로케이션 촬영이라면 현장의 분위기를 전달할 수 있는 다양한 환경 인서트도 수시로 찍어두는 것이 좋다. 촬영에 임할 때 이 현장은 다시 만들기 힘든 귀중한 자리라고 생각하며 충분히 찍어두는 자세가 필요하다.

오디오

사운드는 영화의 리얼리티에 아주 중요한 역할을 하는 요소라고 생각한다. 영화는 연출된 허구지만, 영화를 보는 동안 우리는 그것이 '있을 법한 일'이라고 믿는다. 마블의 어벤저스를 보면서 우리는 말도 안 되는 가짜라는 생각을 하며 보는 것이 아니라, 그 안에서의 이야기를 진실로 믿는다. 그것이 연출자가 추구해야 할 작품 안에서의 사실성으로, '핍진성' 이라고 표현되는 것이다. 영화의 사운드는 핍진성에 매우 중요한 역할을 한다고 생각한다. 아주 잘 만들어진 사운드는 눈으로 보고 있는 화면 안에서 실제로 나는 소리로 믿어지는, 연출된 사운드로 인식되지 않는 사운드일 것이다. 다시 말해 존재감이 느껴지지 않는 것이다. 사운드가 관객 혹은 시청자에게 인식된다면 그것은 소리가 거슬리는 순간일 것이고, 핍진성에 아주 좋지 않은 영향을 미친다.

연출자들은 주로 카메라 연출에 대해서는 어느 정도 관심을 갖고 잘 알고 있지만 사운드에 대해서는 잘 모르는 경우가 많다. 이번 챕터에서는 연출자로서 사운드 연출에 대한 배경지식을 갖출 수 있도록 사운드 연출에 관해 다뤄보려고 한다.

작품 안에서 소리는 크게 대사, 효과음, 음악으로 구분된다. 그리고 대사는 녹음 방식에 따라 동시녹음과 후시녹음으로 나뉜다. 동시녹음이 항상 좋은 것이라고 오해하는 경우가 있는데, 촬영 현장의 상황에 따라 후시녹음도 적절하게 활용할 줄 아는 것이 필요하다.

효과음은 사운드 소스를 사용하기도 하지만 폴리아티스트를 통해 직접 사운드를 디자인하기도 한다. 음악 역시 기존의 음악을 활용하기도 하고 작곡가를 고용해 새로운 곡을 작곡하기도 한다.

사운드 구분

(1) 디제틱 (Diegetic), 논디제틱 (Non-Diegetic) 사운드

영화적 공간 안에서 나오는 소리라면 디제틱, 그렇지 않으면 논디제틱으로 구분된다. 등장인물들 간의 대화 즉 배우의 대사는 대표적인 디제틱 사운드라고 할 수 있다. 이 외에도 화면에서 일어나는 일, 예를 들면 컵에 물을 따르는 모습에 맞춰 나오는 물소리나 걸어가는 사람의 발걸음 소리와 같은 효과음도 디제틱 사운드에 해당된다. 음악소리라 하더라도 만약 장면의 배경이 되는 카페에서 흘러나오는 음악이라면 해당 음악은

디제틱 사운드로 구분된다.

논디제틱 사운드는 영화적 공간에서 발생하지 않는 모든 소리를 논디제틱사운드라고 부르는데, 대표적으로 배경음악을 들 수 있다. 그 외에도 내레이션이나 보이스오버도 논디제틱으로 구분되는데, 보이스오버란 등장인물이 속으로 하는 말을 등장인물 목소리로 더빙하는 것과 같이 화면에서 나올 수 없는 소리를 더빙하는 것을 말한다. 효과음 중에서 화면에서 보이지 않는, 예를 들면 코미디 영화에서 자주 사용하는 '띠용~'같은 비사실적인 소리들 역시 논디제틱 사운드에 포함된다.

(2) 대사 (Dialogue)

배우가 하는 말로 대사, 독백, 방백으로 구분되며 작품의 스토리는 대사를 통해 진행되기 때문에 작품에서 매우 중요한 역할을 한다. 대사 녹음에서 중요한 것은 명료도인데, 배우가 하는 대사를 알아들을 수 없다면 답답함을 주기 때문이다. 작품의 배경이 소란스러운 공간이라고 해도 대사는 잘 알아들을 수 있도록 편집이 되어야 하기 때문에 시끄럽게 음악이 나오는 클럽에서 대화하는 장면은 실제 현장에서는 음악을 끄고 조용하게 촬영한다.

(3) 앰비언스 (Ambience) / Air Tone / Room Tone

로케이션 현장, 혹은 각본상의 장소를 표현하는 환경음을 말한다. 영화 <기생충>의 인트로 시퀀스처럼 시나리오상 반지하 환경이라면 자동차 소리, 거리의 사람들 소리 등 스토리의 공간을 현실감 있게 표현할 수 있는 소리를 의미한다. 비슷한 용어로 에어톤(Air Tone)과 룸톤(Room Tone)이 있는데, 용어 그대로 공간 특유의 소리로서, 녹음 엔지니어가 촬영 전후에 미리 현장의 톤을 따로 녹음해두는 것이 좋다.

(4) 군중음 / 왈라 (Walla)

일종의 앰비언스 사운드로 군중이 말하는 소리를 말하며, 촬영 현장에서 스태프나 엑스트라들을 통해 녹음하기도 한다.

마이크 선택

연출자는 오디오 감독에게 전적으로 의지하기보다는 오디오 연출에 대해 어느 정도 지식을 갖고 오디오 연출에 대한 계획을 세울 줄 아는 것도 필요하다. 오디오 작업의 가장 첫 번째 단계는 적절한 마이크를 선택하는 것이다. 마이크의 구분은 소리를 받아들이는 흡음 방식, 그리고 어느 방향의 소리를 더 잘 받아들이는지를 말하는 지향성의 두 가지로 구분할 수 있다.

(1) 흡음 방식에 따른 구분

마이크는 소리를 흡음하는 방식에 따라 다이나믹, 콘덴서, 리본 등 여러 가지 종류가 있지만, 이 중에서 다이나믹과 콘덴서 두 가지만 기억하고 있어도 충분하다. 연출자가 두 가지 방식의 차이까지 자세히 알고 있을 필요는 없을 것 같고, 간단하게 특징만 기억해도 된다고 생각한다.

다이나믹 방식의 마이크는 흔히 쓰는 노래방 마이크와 같은 마이크를 말한다. 특징이라면 상대적으로 가격대가 저렴하고, 넓은 다이나믹 레인지 즉, 받아들이는 볼륨의 음폭(큰 소리와 작은 소리의 차이)이 크다. 따로 전원을 공급할 필요가 없으며 주로 무대음향에서 선호되는 마이크로, 콘덴서 마이크에 비해 상대적으로 고장이 적다.

콘덴서 방식의 마이크는 전기를 저장하고, 진동에 의한 전류 양의 변화를 통해 소리를 전달하는 방식이다. 다이나믹 방식보다 소리를 더 섬세하게 받아들이기 때문에 녹음용으로 많이 사용된다. 가장 큰 특징은 별도의 전원 공급이 필요하다는 것인데, 녹음 장비로부터 팬텀 파워라고 부르는 48v의 전원공급을 받거나 혹은 별도의 건전지를 필요로 한다. 다이나믹 방식에 비해 아주 낮은 주파수부터 높은 주파수까지 넓은 대역의 소리를 잘 표현해낸다.

(2) 지향성에 따른 구분

마이크는 각 마이크마다 특정 방향의 소리를 더 잘 받아들이게 설계

되어 있다. 지향성에 따라 단일지향, 양지향, 무지향, 초지향으로 구분할 수 있다.

단일지향 마이크는 정면의 소리를 더 잘 받아들이는 마이크를 말하는데, 소리는 빛과 달라서 한 방향으로 직진하지 않기 때문에 뒤쪽의 소리를 전혀 받아들이지 않는 것은 불가능하다. 가장 널리 쓰이는 형태의 마이크로, 대부분의 마이크는 단일 지향성을 갖는다.

양지향 마이크는 양쪽 180도의 소리를 더 잘 받아들이는 마이크를 말한다. 앞쪽과 뒤쪽의 사운드를 동시에 녹음하기 위해 사용할 수 있지만 소리를 통제하기가 쉽지 않기 때문에 현장에서 흔히 사용하지는 않는다.

무지향 마이크는 말 그대로 방향성이 없이 마이크를 중심으로 360도 전 방향에서 들려오는 소리를 똑같이 받아들이는 마이크를 말한다. 주로 핀 마이크가 무지향 마이크를 채택하는데, 핀 마이크의 사용 패턴상 소리가 어느 쪽에서 들려올지 예측할 수 없기도 하고, 크기가 아주 작은 마이크에 뒤쪽 소리를 상쇄하기 위한 물리적 장치를 구현하기 어렵기 때문이기도 하다.

초지향 마이크는 단일지향보다 더 좁은 범위의 소리만을 녹음하기 위한 것으로, 정면에서 들리는 소리 이외의 소리를 상쇄시키기 위해 길쭉한 모양을 하고 있어서 샷건 마이크라고 부르기도 한다. 주로 자연 다큐

멘터리 등에서 멀리 있는 동물의 소리를 녹음하는 등 먼 거리의 소리를 녹음하기 위해 사용하기도 하고, 소음이 많은 거리에서 인터뷰를 할 때 최대한 주변 소리를 배제하고 목소리만을 담기 위해 사용하기도 한다.

일반적으로 동시녹음에 사용하는 붐 마이크는 단일지향보다 초지향에 가까운 지향성을 갖고 있어서 마이크의 방향이 배우의 입을 향하도록 잘 조정해 주는 것이 필요하다.

녹음 장비 선택

카메라도 마찬가지이지만 녹음도 디지털로 이뤄지기 때문에 야외 촬영 현장에서 간편하게 사용할 수 있는 녹음 장비들이 많이 나와 있다.

마이크를 결정했다면 마이크를 통해 들어오는 소리를 녹음할 녹음 장비를 결정해야 한다. 가장 먼저 생각해 볼 수 있는 장비는 역시 카메라에 직접 마이크를 연결해 소리를 담는 것이다. 장비가 간소하다는 장점이 있고, 편집 시 따로 화면과 소리를 일치시키는 싱크 작업이 필요 없기 때문에 편리하다. 하지만 믹서를 거치지 않는 한 여러 대의 마이크를 사용하는 것이 불가능하고, 항상 만일의 사태를 대비해야 하는 촬영 현장에서 카메라에 마이크를 직접 연결하면 마이크 소리 외에 다른 소리를 확보할 수 없다는 단점도 있다.

마이크를 별도의 녹음기에 연결해서 녹음하는 방식을 권장하는데, 이 경우 MTR(Multi Track Recorder)이라는 장비를 사용한다. MTR은 여러 대의 마이크로부터 들어오는 소리를 각각의 파일로 저장하는 장치로 과거에는 대단히 고가였지만 지금은 저렴한 장비들도 아주 많이 나와 있다. 음악 녹음이나 여러 사람이 등장하는 예능, 토크쇼 등이 아닌 이상 일반적인 촬영에서 MTR은 4트랙 정도면 충분하다. MTR의 장점은 여러 대의 마이크 소리를 각각 따로 녹음하기 때문에 사운드 후반작업에 유리하다는 장점이 있다. 현장에서 배우의 목소리를 깨끗하게 녹음하기 위한 마이크 외에 추가로 현장의 느낌을 전달하기 위한 다른 소리들도 동시에 녹음할 수 있다.

여러 사람이 등장하는 예능이나 토크쇼라면, 여러 사람이 이야기하는 장면에서 특정 한 사람의 목소리만 키워주거나 줄여주는 편집을 하는 것도 MTR이어야 가능하다.

현장 녹음

(1) 대사 동시녹음

촬영 현장에서 붐 마이크를 사용하는 모습을 보면서 흔히 주변의 소리까지 다 녹음하는 것으로 오해하는 경우가 많은데, 현장에서 동시녹음을 할 때 가장 큰 목적은 배우의 대사만을 최대한 깨끗하게 녹음하는 것이다. 이때 녹음되는 볼륨은 소리가 깨지지 않는 한도 내에서 가장 큰 레벨로 녹음하는 것이 좋다. 크게 녹음된 목소리는 편집하면서 줄여도 문제가 되지 않는다. 하지만 만약 대사가 작게 녹음되었다면 대사를 키우기 위해 볼륨을 올렸을 때 잡음도 함께 커지게 되기 때문이다.

동시녹음을 할 때 목소리만을 최대한 깨끗하게 담는 것이 좋은 다른 이유는 목소리와 주변의 소리가 같이 녹음된 경우 편집할 때 컷이 바뀌는 타이밍마다 배경 소리가 끊어져서 편집점을 거슬리게 만든다. 또한 후시녹음으로 배우의 입모양과 화면을 완벽하게 맞추는 것은 매우 어렵지만, 깨끗한 목소리로 녹음된 목소리에 도로의 자동차 소리나 군중의 소리 등은 추가하기가 쉽기 때문이다.

동시 녹음에는 주로 붐 마이크를 사용하는데 대사만 깨끗하게, 가능한 한 크게 녹음하기 위해서 마이크는 화면에 등장하지 않는 한 배우에게 최대한 가까운 위치에서 입을 향하도록 해야 한다. 그래서 붐 마이크를 잡은 스태프는 카메라에 붐 폴(마이크대)이 걸리지 않는지 확인해야 한다. 이때 붐 폴을 낮게 대각선으로 들면 화면에 걸릴 위험이 커지기 때문에 힘들더라도 가급적 높이 들어주는 것이 좋다.

목소리 연기의 생동감 측면에서 동시녹음의 장점이 많지만, 환경 소음 때문에 현장에서 동시 녹음된 소스를 사용할 수 없다고 판단되는 경우도 생길 수 있다. 현장 소음이 크더라도 후시녹음의 가이드로 활용할 수 있기 때문에 동시녹음은 일단 확보해두는 것이 좋다.

(2) 기타 현장 사운드 녹음

녹음 스태프가 촬영 현장에서 대사만 녹음하고 촬영을 마치는 것은 좋지 않다. 공간에는 공간 특유의 사운드가 존재하는데, 룸톤 혹은 에어톤이라고 한다. 촬영 시작 전이나 촬영이 끝난 후에 다른 잡음이 없는 상태에서 녹음 스태프는 현장의 에어톤을 녹음해두는 것이 나중 편집을 위해 좋다.

촬영팀이 따로 인서트 촬영을 해두는 것처럼 녹음 스태프도 현장의 소리들을 따로 녹음해두는 자세가 필요하다. 소스가 많을수록 편집할 재료도 다양해지기 때문이다.

후시 녹음

(1) 대사 후시녹음

대사를 따로 녹음하는 경우는 현장 녹음이 잡음으로 원활하지 못하거나, 롱샷 장면에서 동시녹음 마이크를 배치하기 어려운 경우에 시도하는 것이 좋다. 화면을 보며 더빙을 하더라도 전문 성우가 아닌 이상 입모양과 완벽하게 일치되게 말하는 것은 어려운 일이기 때문에 배우의 얼굴이 화면에 잘 보이는 장면에서는 후시녹음이 쉽지 않다.

후시 녹음은 주로 음향 스튜디오에서 이뤄지게 되는데, 스튜디오 사용이 어려운 독립 작품이나 학생 작품이라면 조용한 공간에서 이불 등으로 반사음을 최대한 막은 상태에서 녹음을 하면 그래도 괜찮은 사운드를 얻을 수 있다. 이때 주의할 것은 'ㅍ'발음같이 바람이 터져 나오는 발음을 할 때 마이크에 바람 소리가 크게 녹음되어 '퍽'하는 소리가 녹음되는 것이다. 이를 방지하기 위해 마이크 앞에 팝 가드를 사용하는데, 팝 가드가 없다면 마이크를 얼굴 옆쪽에 대서 바람이 마이크로 직접 들어가는 것을 방지해주는 것도 좋다.

대표적인 형태의 팝가드

간혹 마이크를 얼굴 옆에 두는데도 자꾸 입을 마이크로 가져다 대는 사람들도 있는데, 이런 경우에는 입 정면에 가짜 마이크를 배치하고 얼굴 옆에 녹음용 마이크를 배치해서 배우가 가짜 마이크에 대고 실컷 연기할 수 있도록 해주는 것이 좋다.

(2) 효과음 후시 녹음

화면 안에서 일어나는 일에 대한 느낌을 사실적으로 보이도록 하는 것이 바로 효과음이다. 우리가 보는 작품들은 상상 이상으로 많은 효과음을 따로 만들어서 넣는다. 복도를 걷는 발소리, 격투 장면에서 주먹이 날아가는 소리와 맞는 소리, 클럽에서 들리는 음악소리, 심지어 물 마시는 소리까지 화면에서 보이는 동작을 실감 나게 만들기 위해 아주 많은 효과음 작업이 필요하다. 이 소리들을 그냥 동시 녹음하면 되지 않을까? 하는 생각이 들 수 있는데, 현실 세계에서 효과음은 영화에서만큼 크게 들리지 않는다. 오히려 현실 세계보다 강조된 사운드가 더 사실감을 높여준다. 영화 속 폴리 사운드를 잘 소개한 'G무비'라는 유튜브 채널의 콘텐츠를 보면 이해하는 데 도움이 될 것이다.

영화 사운드의 세계를 소개한 G무비 채널의 컨텐츠
QR코드를 찍으면 바로 해당 컨텐츠로 이동합니다

폴리 아티스트가 아닌 이상 효과음을 스스로 만들어내는 것은 쉬운 일이 아니다. 그럼에도 간단한 사운드를 직접 제작해 보고 싶다면 마이크 근접효과를 잘 활용할 줄 아는 것이 좋다. 근접효과란 소리가 나는 곳에 마이크를 가까이 가져갈수록 저음이 증폭되는 현상을 이야기한다. 근접

효과를 활용해서 작은 사물로도 거대한 느낌의 소리를 만들어낼 수 있다. 가령 커다란 불덩이 소리를 녹음할 때 불이 붙은 종이를 마이크에 최대한 가까운 위치에서 흔들어 녹음할 수 있는 식이다.

폴리아티스트를 통해 효과음을 제작하는 것은 폴리아티스트가 화면을 보며 타이밍을 맞춰서 녹음하기 때문에 편집 과정에서 일일이 타이밍을 맞추는 수고를 하지 않아도 된다는 장점이 있다. 또한 영화의 공간에 맞는 소리의 느낌을 제작해 주기 때문에 보다 화면과 잘 어울리는 사운드 연출이 가능하다. 폴리 제작이 여의치 않은 경우에는 효과음 라이브러리를 찾아 사용하는 방식이 있는데, 유튜브의 오디오 라이브러리, Pixabay와 같은 무료 사이트부터 Envato, Artlist와 같은 유료사이트까지 효과음을 구할 수 있는 다양한 라이브러리가 있다. 이미 제작되어 있는 효과음 라이브러리를 이용하는 경우 가장 중요한 것은 타이밍을 완벽히 맞추는 편집을 해야 한다. 그리고 화면에 등장하는 장소에 맞게 잔향과 EQ를 조절해서 화면과 어우러지게 편집해야 한다.

음악 작업

영화와 같은 작품에서 음악을 이용하는 방법은 크게 세 가지로 나눠 볼 수 있는데, 첫 번째는 내가 연출하는 작품만을 위한 음악을 새롭게 작곡하는 방법이 있다. 두 번째는 기존에 발표된 상업 음악을 활용하는 방법이 있고 세 번째는 배경음악을 위한 라이브러리 음원을 활용하는 방법이다.

우선 연출하는 작품을 위해 작곡가에게 작곡을 의뢰하는 방법은 가장 높은 비용이 들 수밖에 없다. 하지만 그만큼 영상의 분위기와 타이밍에 어울리도록 곡이 만들어지기 때문에 화면과 가장 잘 어우러지는 음악이 될 것이다. 하지만 기억할 것은 같은 화면을 보면서 받는 느낌이 다르기 때문에 연출자는 원하는 음악의 느낌을 작곡가에게 충분히 설명할 수 있어야 한다. 그리고 어느 정도 영화음악 작곡가의 감상을 존중하는 자세도 필요하다. 연출하는 작품을 위해 새롭게 작곡된 곡을 사용하면 연출자의 의도에 맞게 배우의 감정과 장면의 분위기를 보다 관객에게 잘 전달할 수 있다는 장점이 있다. 그리고 생소한 곡이기 때문에 기성곡에 비해 관객의 관심이 음악으로 쏠리기보다 오히려 배우의 연기에 대한 몰입도를 증가시킬 수 있다는 장점이 있다.

두 번째로 기존에 존재하는 상업적인 음악을 활용하는 방법이다. 오래전 우리나라 영화 <쉬리>에서 메인 테마곡으로 <When I Dream>이라는 기성곡을 사용하고 해당 음악이 큰 인기를 얻으면서 한동안 국내 영화계에서 기성음악을 테마로 사용하는 것이 유행처럼 번졌던 사례가 있다. 이처럼 기성 음악을 사용하면 해당 음악에 대한 관심을 작품으로 이어지도록 할 수 있다는 장점이 있다. 하지만 이 경우 기성곡의 저작물 활용에 대한 사전 허락이 필요하다. 상업 영화라면 보다 쉽게 협의가 가능하겠지만 독립 작품이나 학생들의 작품은 기성곡을 활용하는 것이 쉽지 않다는 단점이 있다. 그리고 사람들에게 알려진 기성곡이 영화에 등장하는 순간 관객의 관심이 음악에 집중될 수 있다. 따라서 기존의 곡이 화면과 잘 어우러질 수 있도록 장면을 연출하는 것이 좋다.

세 번째로 라이브러리 음원을 사용하는 방법인데, 작곡가를 섭외하거나 기성곡의 저작료 지불이 어려운 독립 작품을 만드는 데 도움이 되는 방법이다. 앞서 소개한 효과음 라이브러리 사이트에서 배경음악으로 사용할 수 있는 음원도 제공하고 있다. 최근에는 음원 라이브러리를 통해 구할 수 있는 배경음악이 양적으로나 질적으로 매우 좋아져 있기 때문에 잘만 활용한다면 작곡가를 통한 작곡만큼 큰 효과를 기대할 수 있다. 다만 이 경우에 장면의 감정선을 음원이 따라갈 수 있도록 별도로 편집을 해줘야 할 필요가 있다.

조명

아마추어들이 촬영할 때 중요성을 간과하기 쉬운 것이 바로 조명이다. 카메라가 정보와 감정을 전달하는 데 초점을 맞춘다면, 조명은 장면의 분위기를 만드는 데 중요한 역할을 한다. 창밖을 바라보는 주인공 장면을 담을 때, 노을빛으로 분위기를 연출하는 것과 푸른빛으로 분위기를 연출하는 것은 다음 장면에 대한 생각을 전혀 다른 방향으로 바꿔버릴 수 있다. 이처럼 조명은 장면의 분위기를 결정하는 중요한 요소이다. 조명의 색뿐 아니라 인물의 측면에서 강한 그림자를 만드는 조명을 사용하는가, 혹은 그림자가 잘 생기지 않도록 은은한 조명을 사용하는가에 따라 역시 전혀 다른 방향으로 장면을 이해시키게 된다.

조명 선택하기

조명을 선택하기 위해 조명이 가질 수 있는 값을 구분할 줄 알아야 한다. 빛이 가질 수 있는 성질은 크게 4가지로 구분할 수 있는데 방향, 색, 광량(밝기), 광원의 형태이다. 우리가 조명을 세팅할 때 위 4가지 기준에 맞춰서 빛을 결정할 수 있다고 생각하면 된다.

첫째로 빛의 방향이다. 빛은 직진성이 있기 때문에 어느 방향에서 빛이 들어오는지를 정확히 알 수 있다. 빛은 우선 화면에 보이는 배경에 따라 사실적인 빛을 만들고 그다음 분위기를 만들기 위한 빛을 만들어야 한다. 우선 촬영을 진행하는 배경에 어느 방향에서 빛이 들어오고 있는지를 분석하고 방향을 결정해야 한다. 실내 등이 없고 창밖에서만 빛이 들어오는 설정이라면 우선적으로 창밖 방향의 조명을 살리고 조명을 추가해가면서 어두운 부분의 빛을 조절해가는 것이 좋다.

밝은 낮의 인터뷰 촬영과 같은 간단한 촬영이라면 조명 대신 반사판으로 얼굴의 그림자를 조절하는 것으로 충분하다.

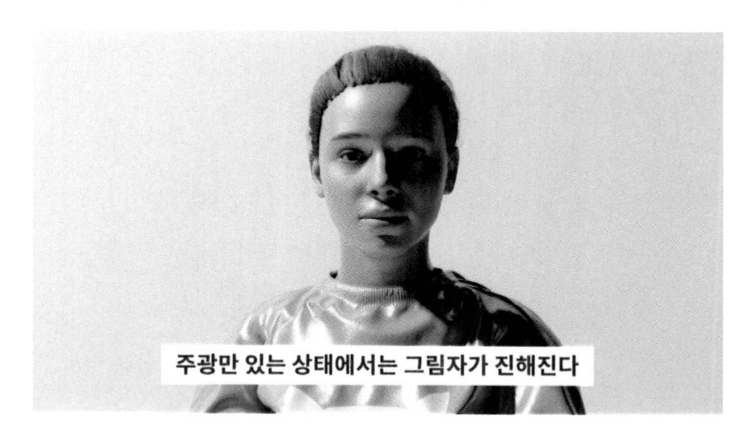

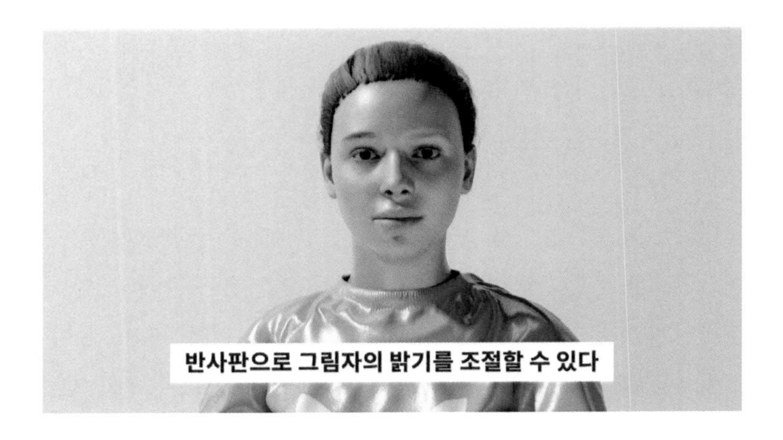

빛의 방향이 중요한 또 다른 이유는 인물의 얼굴에 비치는 그림자 때문이다. 빛이 어느 각도에서 얼굴을 비추는가에 따라 얼굴의 입체감을 살리기도, 거친 느낌을 주기도 하고, 공포스러운 분위기를 연출하기도 한다.

두 번째 고려할 점은 빛의 색이다. 조명의 색은 켈빈(k)이라는 단위로 표현된다. 우선적으로 고려할 것은 현장 분위기에 맞는 색온도를 화면에 구현하는 것이다. 시나리오상의 배경이 백열전구를 켜는 장소로 표현된다면 그에 맞는 조명으로 표현하면 된다. 달빛 아래의 장면인지, 촛불을 켠 장면인지 등 상황에 맞는 사실적인 빛의 색을 먼저 구현하고 거기에 의미를 더하는 색을 추가하면서 알맞은 빛을 찾아가는 것이 좋다.

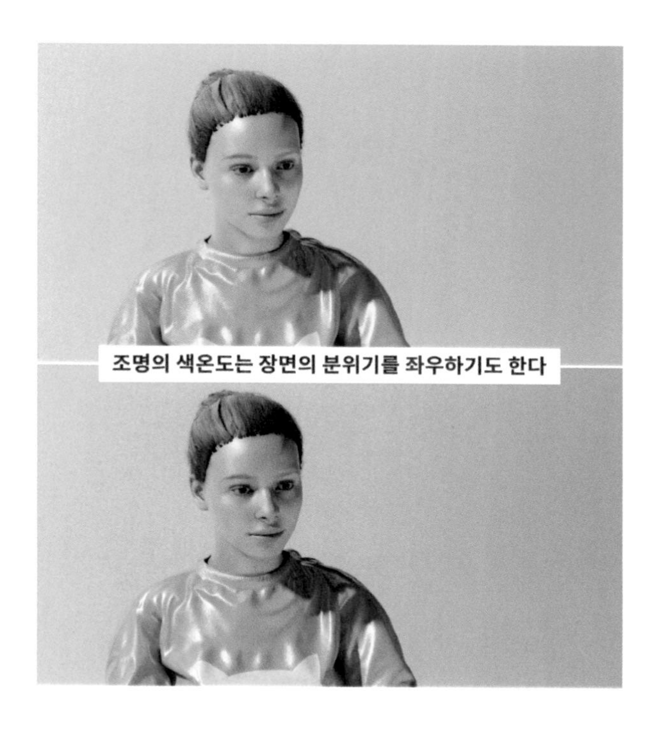

세 번째 고려할 사항은 광량 즉, 밝기이다. 조명의 형태에 따라 LED가 촘촘히 박힌 패널형 조명과 건타입의 일반형 조명이 많이 사용되는데, 일반적으로 같은 와트(w)에서 LED 패널 조명보다 일반형 조명이 더 밝은 빛을 만들어낸다. 영화 촬영을 위해 보다 권장하는 조명 타입은 건타입의 일반형 조명인데, 광량이 더 많기도 하지만 지금까지 오랜 시간 사용되며 표준화된 규격을 갖고 있기 때문에 조명을 위한 다양한 액세서리들을 이용해 보다 확장성 있게 사용할 수 있기 때문이기도 하다.

조명에 사용하는 다양한 보조장비들

사실 촬영을 할 때 빛이 많아서 생기는 문제는 없다고 봐도 무방하다. 조명기기로 광량을 자유롭게 줄일 수 있기 때문이다. 문제는 항상 빛이 적을 때 생기는데, 광량이 클수록 조명기기의 가격이 크게 올라가기 때문에 예산에 따라 신중하게 접근하는 게 좋다.

네 번째 고려할 사항은 광원의 형태인데, 모양보다 크기를 중요하게 봐야 한다. 그 이유는 광원의 크기가 그림자 형성에 직접적인 영향을 미치기 때문이다. 그림자는 광원의 크기가 작을수록 더 강한 그림자가 생기게 된다. 반대로 광원의 크기가 커지면 커질수록 부드러운 그림자가 형성된다.

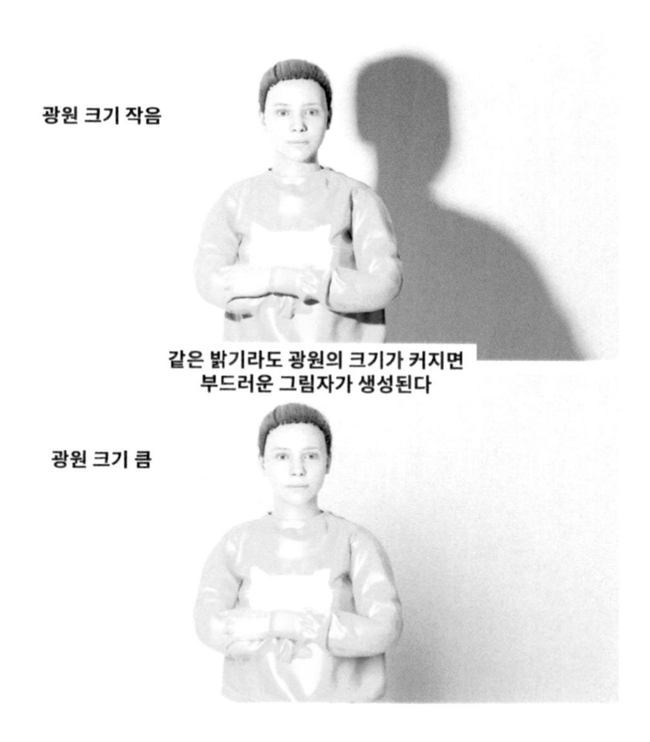

촬영장에서 부드러운 느낌을 연출하기 위해서는 광원의 크기를 키워줘야 하는데, 일반적으로 조명 앞에 확산판을 대서 사용한다. 이렇게 할 경우 조명의 빛이 확산판에 먼저 닿게 되고, 확산판 전체가 빛을 발산하면서 광원이 커지는 효과를 가져오게 된다. 맑은 날 해의 그림자가 진하게 생기는데 반해 빛이 구름을 통과하는 흐린 날 그림자가 잘 생기지 않는 것과 같은 이치로 볼 수 있다. 이때 구름이 광원의 크기를 크게 만드는 확산판의 역할을 했다고 볼 수 있다.

인물조명

얼굴에 조명을 비출 때, 빛의 방향에 따른 명칭이 존재한다. 가장 많이 사용하는 인물 조명 방식으로 렘브란트 라이트 (Rambrandt Lighting), 루프 라이트 (Loop Lighting), 버터플라이 라이트 (Butterfly Lighting), 스플릿 라이트 (Split Lighting)의 4가지 조명 방식이 있다.

먼저 렘브란트 라이트는 얼굴에 입체감을 더하는 조명 방식이다. 빛의 화가라고 불리는 렘브란트의 그림에서 발생한 조명 방식으로, 코의 그림자와 뺨의 그림자가 맞닿아서 눈 아래에 삼각형이 생기는 것이 특징이다.

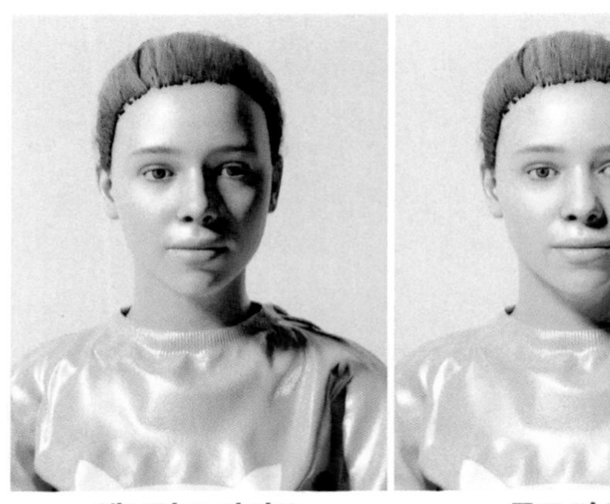

렘브란트 라이트 루프 라이트

렘브란트 라이트에서 조명의 위치를 정면 쪽으로 옮겨서 코의 그림자와 뺨의 그림자가 떨어지도록 하는 조명 방식은 루프 라이트라고 부르게 된다. 렘브란트 라이트와 루프 라이트 모두 조명의 높이가 코보다 낮아지지 않도록 해야 한다.

버터플라이 라이트는 조명의 위치가 인물의 정면 위쪽에서 비추는 조명으로, 코 아래쪽에 맺히는 그림자가 나비 모양처럼 생겼다고 해서 붙여진 명칭이다. 정면에서 비추는 조명 방식이기 때문에 앞의 두 방식에 비해 얼굴이 평면적으로 보이게 된다.

마지막 스플릿 라이트는 하프 라이트라고 부르기도 하는데, 인물의 완전 측면에서 비추는 조명으로 얼굴의 절반에만 조명이 닿도록 하는 방식이다. 매우 비밀스러운 느낌을 주는 특별한 조명 방식이다.

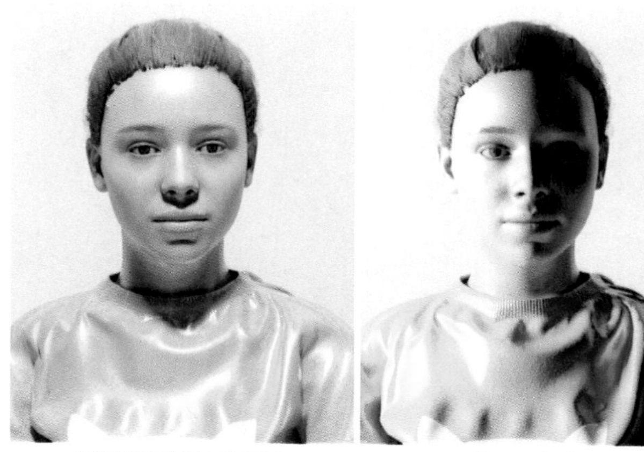

버터플라이 라이트 **하프 라이트**

3점 조명

앞의 4가지 조명 방식을 통해 인물에 대한 조명 기법을 살펴봤는데, 이는 메인 조명 즉 키 라이트(Key Light)를 만들어내는 방법이다. 3점 조명은 3개의 조명을 사용해 각각 키 라이트, 필 라이트(Fill Light), 백 라이트(Back Light)로 세팅하는 조명 기법을 말하며, 매우 널리 사용되는 조명 방식이다.

기본적인 세팅은 먼저 아래 그림과 같이 인물의 정면 45도 방향에서 가장 밝은 빛으로 키 라이트를 만들어준다. 키 라이트를 통해 인물의 입체감을 표현할 수 있다.

키 라이트를 설치하면 반대편 얼굴에 그림자가 생기게 되는데, 이 그림자의 농도를 조절하기 위한 조명이 필 라이트다. 따라서 필 라이트는 키 라이트의 반대편에서 적은 광량으로 인물을 비추게 된다. 만약 필 라이트의 광량이 키 라이트만큼 밝아지게 되면 인물의 얼굴에 입체감이 사라지게 되므로 광량을 낮춰서 세팅을 한다.

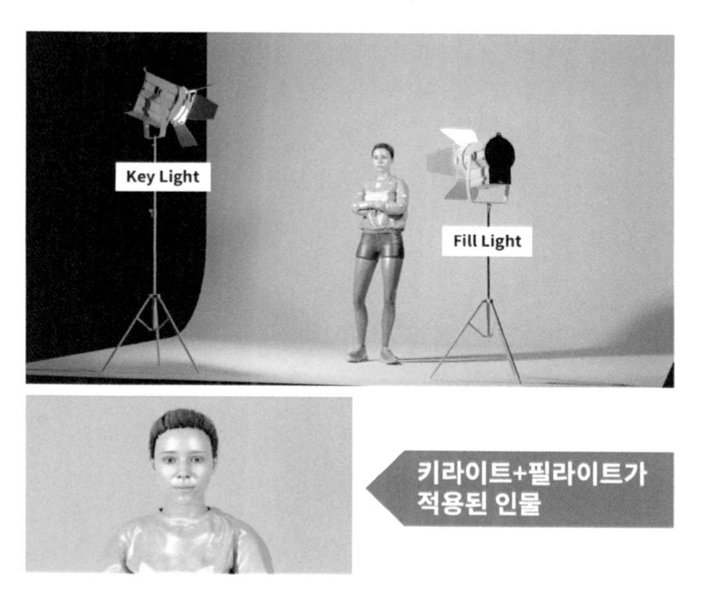

두 개의 라이트로 인물의 정면에서만 조명을 비추면 인물과 배경의 경계가 모호해지게 된다. 이때 인물과 배경의 경계를 강조하기 위해 인물의 뒤쪽에서 비추는 조명을 백라이트라고 한다. 이때 조명의 높이를 높게 해서 인물의 헤어와 어깨 라인을 비추게 되기 때문에 헤어 라이트 (Hair

Light)라고 부르기도 하며, 높이를 낮추거나 측면에 둬서 보디라인을 비추는 림라이트(Rim Light)라고 부르기도 한다.

백라이트를 통해 인물의 디테일을 살릴 수 있는데, 이때 주의할 점은 자칫 렌즈 플레어가 발생할 수 있기 때문에 백라이트가 카메라를 향하지 않도록 하는 것이 좋다. 그리고 백라이트는 카메라에 걸리기 쉬우므로 붐 마이크와 같이 수직으로 거치할 수 있는 스탠드를 사용하면 좋다.

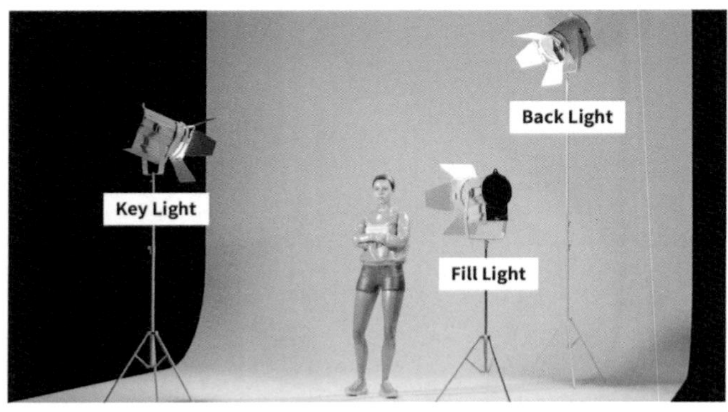

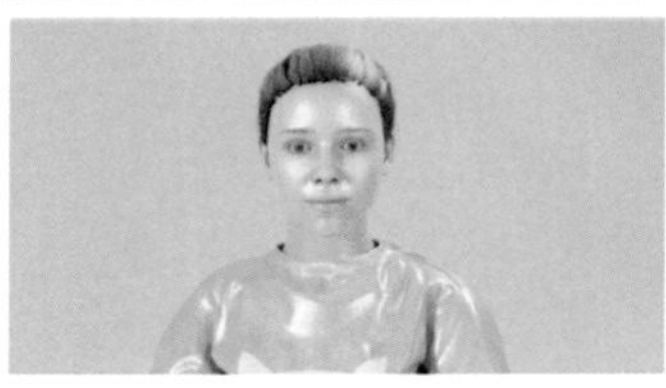

키라이트+필라이트,
백라이트가 적용된 인물

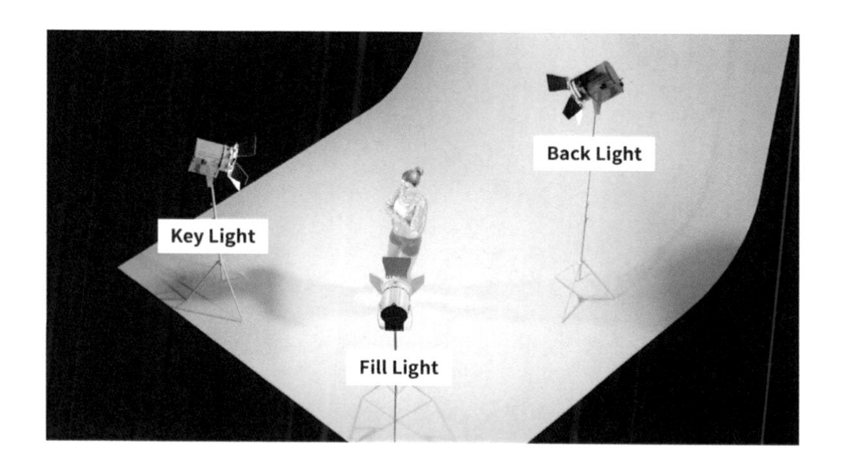

주요 조명 보조장비

조명이 하는 일은 단순히 인물을 밝혀주는 것 뿐 아니라 분위기를 연출하는 것 또한 조명의 중요한 역할이다. 이를 위해 다양한 형태로 빛이 맺히도록 조절하는 것이 필요한데, 이때 사용하는 도구를 알아보자.

(1) 반도어 Ban Door / 고보 Gobo

반도어는 조명기기 끝에 설치된 조명기기의 문으로, 조명이 비치는 영역을 통제할 수 있다. 빛의 성질을 변형시키지 않으면서 특정 영역으로 빛이 퍼져나가지 않도록 조명을 세팅할 수 있도록 해준다.

고보는 반도어처럼 빛을 조절하는 장비로써, 빛이 특별한 모양으로 맺히도록 만드는 장비를 말한다. 가령 블라인드를 통해 들어오는 빛이 벽에 맺히는 장면이라면, 블라인드 모양의 고보를 조명기기에 끼워서 빛의 모양을 연출해 줄 수 있다. 이때 고보가 광원과 가까울수록 흐릿한 모양이 되고, 광원에서 멀어질수록 뚜렷한 모양이 만들어진다.

(2) 리플렉터 Reflector / 소프트박스 Soft Box / 스누트 Snoot

기본적인 리플렉터는 가정용 손전등의 전구 둘레를 감싸고 있는 은색의 전등갓을 떠올릴 수 있다. 이것의 역할은 빛을 모아서 한 방향으로 보내주는 것으로, 일반적인 조명의 리플렉터도 이와 똑같은 역할을 한다. 리플렉터를 사용하는 조명은 강한 그림자를 만드는 하드 라이트가 된다.

리플렉터에도 다양한 종류가 있는데, 그중 스누트라는 도구는 일반적인 리플렉터와 반대로 끝이 좁은 형태를 하고 있어서 특정한 부분에 광량이 부족할 때 좁은 영역에 빛을 비추기 위해 사용하는 도구이다.

리플렉터가 하드 라이트를 만들어낸다면, 소프트박스는 부드러운 그림자의 소프트 라이트를 만들어준다. 소프트박스에도 다양한 크기와 모양이 존재하는데 앞서 광원의 형태에서 설명했듯이 크기가 클수록 더 부드러운 빛을 만들어낸다고 생각할 수 있다. 만약 패널 형태의 조명을 사용하고 있다면 소프트박스를 설치할 수 없는데, 이 경우 확산판을 이용해서 소프트 라이트를 만들어줄 수 있다.

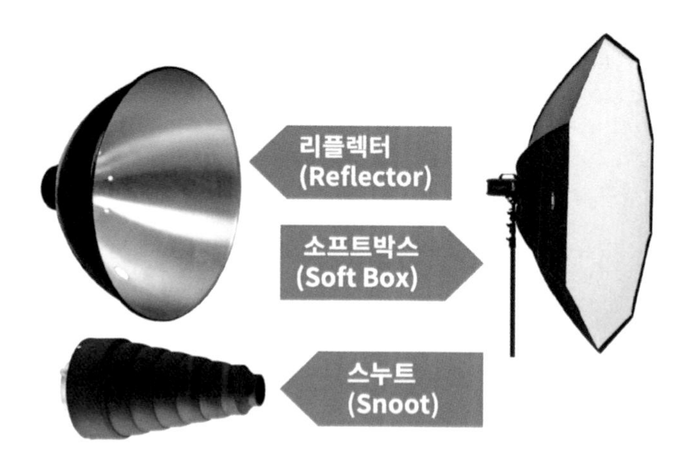

(3) 그리드

그리드는 조명 앞쪽에 설치해서 조명에 직진성을 더해주는 보조 장치이다. 키 라이트를 만들었는데 뒷배경까지 조명이 닿기보다 인물에만 영향을 주고 싶을 때 빛의 방향을 통제함으로써 영역을 한정시키는 역할을 한다.

프로덕션 스태프 구성

프로덕션 단계에는 모든 파트에 걸쳐 스태프의 수가 늘어난다. 조감독을 필두로 하는 연출부부터 촬영팀, 조명팀, 음향팀이 각각 인력을 충원해 프로덕션을 수행하게 된다. 프로덕션 단계에서 각각 스태프의 역할을 알아보자.

연출부

연출부는 보통 조연출이 스태프를 구성한다. 말 그대로 연출자가 신경 쓰기 힘든 부분들까지 대신해서 현장의 진행을 돕는 역할이기 때문에 연출부의 가장 중요한 역할은 소통이라고 볼 수 있다.

프로덕션 단계에서 조연출은 현장 통제를 책임진다. 연출부 각 스태프의 역할을 검토하며 연출자가 작품 연출에 집중할 수 있도록 돕는다. 촬영 스케줄 확인, 배우 스케줄 관리, 기술 스태프 점검 등 전반적인 관리를 연출을 대신해 수행하기 때문에 조연출은 작품 연출 자체보다 조직 관리와 소통에 능한 역량이 필요하다. 앞서 프리프로덕션에서 조연출을 이야기할 때 언급했듯이 연출자로 입봉하기 전 단계로 인식하기보다는 조연출 자체가 하나의 독립된 직무로서 중요한 역할이라고 생각해야 한다.

일반적으로 연출부는 조감독인 퍼스트와 세컨드, 써드 등 연출부에 5명 내외의 스태프로 구성된다. 물론 독립 작품이나 학생 작품은 적은 인원이 여러 가지 역할을 수행할 수도 있다. 연출부원은 일일 촬영 계획을 점검하고 그에 따라 촬영, 음향, 조명은 물론이고 배우, 의상, 소품 등 각 팀별 준비사항을 체크한다. 흔히 연출부 막내라고 부르는 스태프들은 현장에서 슬레이트를 담당하기도 하고, 현장에서 구경하는 사람들로 인해 촬영이 방해받지 않도록 현장 통제도 해야 한다. 한 지역에서 며칠씩 촬영하거나 특히 야간 촬영이 많은 경우에는 술에 취한 행인들에 의해 촬영이 방해를 받기도 하는데, 이때 얼굴 붉히지 않고 사태를 해결하는 것도 연출부의 중요한 역량이라고 하겠다. 실제로 술에 취한 행인이 촬영장에 와서 시비를 거는 경우도 많은데, 이럴 때 연출부 스태프가 인근 술집에 함께 가서 사태(?)를 해결하기도 하다 보니 촬영이 마무리될 때쯤엔 문제의 주민들과 친해지기도 한다.

스크립터는 현장에서 기록을 담당하는 스태프로, 연출부의 일원으로 보는 시각도 있지만 독립된 스태프로 보는 시각도 있다. 스크립터는 촬영 현장에서 각 샷의 테이크마다 카메라, 조명, 음향 등 세부적인 사항과 최종적인 OK / NG 여부를 기록한다. 이렇게 기록된 자료는 편집 단계에서 클립을 정리하는데 매우 중요한 역할을 한다. 또한 스크립터는 콘티의 내용을 계속 확인하며 빠진 부분은 없는지 확인해야 한다. 그렇게 준비했는데 설마 촬영을 빼먹는 일이 있을까 싶겠지만, 막상 현장에서 촬영을 진행하다 보면 자칫 빼먹고 촬영하지 않은 부분이 생기기 매우 쉽다. 따라서 스크립터는 현장을 면밀히 관찰할 줄 알아야 하고, 기술적인 부분에 대해서도 기록해야 하기 때문에 어느 정도 촬영에 대한 지식도 갖고 있는 것이 좋다.

촬영팀

연출자가 촬영팀 구성에까지 관여하지는 않는다. 그러나 학생 작품의 경우 필요한 직무에 대해서는 어느 정도 파악하고 있는 것이 좋기 때문에 촬영팀의 구성에 대해서도 알아보려고 한다. 우선 촬영감독(DP)을 따로 둔다면, 무조건 촬영감독이 카메라를 잡는 것은 아니다. 촬영감독은 촬영에 관한 사항을 통솔하고 카메라 오퍼레이터를 따로 둬서 카메라를 잡도록 하기도 한다. 카메라 스태프는 카메라의 움직임을 직접 조율하는 스태프 외에 렌즈의 포커스를 맞춰주는 포커스 팔로어(Focus Follower)를 두기도 한다. 블루투스 컨트롤러로 렌즈의 포커스링을 돌려주는 팔로우포커스 장비를 손에 쥐고 포커스 이동을 도와준다. 만약 레일을 이용한 촬영이 있다면 레일을 밀고 이동해 주는 일도 촬영팀 스태프가 담당해야 한다.

카메라 스태프의 또 다른 중요한 역할은 장비를 관리하는 일이다. 촬영 전후에 장비를 정리하고 관리하는 역할뿐만 아니라 촬영 중간 휴식시간에 장비가 도난당하거나 쓰러져 부서지는 등 불상사가 생기지 않도록 지키는 역할도 한다. 촬영 중에는 수시로 배터리나 메모리 상태를 체크하고 필요하면 교체하기도 하며 생각보다 많은 일을 담당하게 된다.

일반적인 촬영 이외에도 지미집, 스테디캠, 수중촬영, 드론 촬영 등 특수촬영이 필요한 경우 특수촬영 스태프를 미리 섭외해서 촬영 일정에 차질이 생기지 않도록 해야 한다.

조명팀

DP 시스템에서는 촬영감독이 조명팀 까지 관리하기도 하는데, 그렇지 않더라도 조명팀은 촬영감독, 미술감독과 아주 밀접하게 소통하며 작품을 진행해야 한다. 조명감독은 개퍼(Gaffer), 조명팀 스태프는 그립(Grip)이라고 부르기도 하는데, 당연히 조명기기를 관리하고 조정하는 역량이 필수적이다. 그 외에도 조명기기는 많은 전기를 소비하기 때문에 현장에서 전기를 끌어다 쓰는 경우가 많아서 현장에서 사람들이 조명 배선에 발이 걸리지 않도록 선을 잘 정돈하는 것도 중요하다.

현장에서 조명감독의 지시에 따라 많은 장비를 설치하고 철수하기를 반복하며 일을 하기 때문에 4~5명의 조명팀이 함께 일을 하기도 한다. 특히 야간에 야외촬영이 있다면 촬영 장비의 규모가 크게 늘어나기 때문에 이 경우 여러 명의 스태프가 함께 일을 하는 것이 좋다.

음향팀

보통 촬영 현장에서 많은 수의 음향 스태프를 필요로 하지는 않는다. 현장에서 동시녹음의 가장 중요한 목적은 다양한 소리를 얻는 것이 아니라 연기자의 음성을 명료하게 얻는 것이기 때문에 한 사람이 녹음기와 붐 마이크를 들고 충분히 해결할 수도 있다. 동시녹음을 위해 붐 마이크를 들고 있는 붐 오퍼레이터, 녹음기사 등 두세 명이 함께 일을 하기도 한다. 예능이나 토크 프로그램 등은 많은 수의 핀 마이크를 사용하게 되는데, 이 경우 마이크 선을 옷 속으로 채워주기 위한 스태프가 있는 것이 좋다. 남성 스태프가 여성 출연자의 옷 속으로 마이크를 채워주는 것은 문제가 될 수 있으므로 만약 여성 음향 스태프가 없다면 연출부나 작가 등 다른 팀의 여성 스태프의 도움을 받는 것이 좋다.

미술감독 (팀)

프로덕션 디자이너(Production Designer)라고 부르기도 하는데, 여러 분야의 전문가와 함께 협업을 해야 하기 때문에 팀을 특정하기 어렵고 작품마다 필요에 따라 구성한다.

화면에 등장하는 세트, 소품, 의상, 분장 등 미술에 관한 모든 것을 관리하는 역할을 하며, 작품의 시대적 공간적 배경이 화면에 잘 표현될 수 있도록 창조적 역할을 수행한다. 세트나 의상 등 필요에 따라 스태프를 섭외하고 구성해서 작품이 진행될 수 있도록 해야 한다. 의상, 소품 담당은 미술감독과 협의하여 필요한 것을 제작할 수도 있고, 구입이나 대여를 할 수도 있다.

미술감독이 미술의 모든 분야에 대해 기술자일 수는 없지만 메이크업, 의상, 인테리어 등에 대한 감각은 갖추고 있어야 하며 각 분야의 전문 인력에 대한 네트워크를 갖고 있는 것도 중요하다.

특수효과기사

CG를 말하는 것이 아니라, 촬영 현장에서 필요한 폭발, 연기 등의 특수효과를 담당하는 스태프를 말한다. 총격씬, 전투씬이 들어가는 작품이라면 총기와 화약까지 다뤄야 하므로 이에 대한 전문 지식을 갖춘 스태프가 반드시 필요하게 된다.

현장에서의 연출

연출자는 축구팀의 감독과 같다. 사전에 각 포지션의 역할을 지시하고, 필요한 경우 수정할 수 있도록 올바른 방향을 끝없이 제시해야 한다. 철저히 준비했더라도 막상 경기에 들어갔을 때는 부상이나 퇴장과 같은 다양한 변수가 생길 수 있는데, 이러한 변수에 빠르게 대책을 세우고 결정해야 한다. 최종적인 전술에 대한 결정은 오직 감독만이 할 수 있기 때문이다. 연출자는 배우와 현장의 기술 스태프, 제작부와 소통하고 조율하며 텍스트인 시나리오가 영상물로 만들어질 수 있도록 전체를 이끌어 가야 하는 중요한 책임을 맡고 있다.

프로덕션 과정은 최대한 효율적인 일정으로 많은 촬영을 해야 하기 때문에 현장의 분위기가 무거워지기도 한다. 이때 연출자는 팀을 독려하고 배우들을 북돋우며 한 테이크 더 찍을 수 있게 분위기를 끌어갈 줄 알아야 한다. 몇 차례 언급했듯이 재촬영을 위해 사람을 모으는 것보다 이미 모인 사람을 설득하는 것이 더 쉬운 일이기 때문이다.

이 챕터에서는 연출자가 현장에서 알아야 할 것들을 살펴보려고 한다.

연기 디렉팅

연출자가 현장에서 가장 긴밀하게 소통해야 하는 사람은 연기자이다. 냉정히 말해 기술 스태프가 프로덕션 중간에 교체되더라도 작품은 진행할 수 있다. 하지만 연기자에게 변수가 생기면 프로덕션 자체가 중단되어야 하는 큰 사고가 된다. 따라서 현장에서 연기자가 충분히 몰입할 수 있도록 배려해 주는 것이 좋다.

현장에서는 앵글을 바꿔가며 여러 번 촬영을 하게 되는데, 앵글이 바뀔 때마다 조명과 프로덕션 디자인에 신경 쓰며 촬영을 준비하기 때문에 필연적으로 대기 시간이 생길 수밖에 없다. 대기 시간을 어떻게 보내는가는 연기자에 따라 다르기 때문에 연기자의 특성을 미리 알고 있는 것도 도움이 된다. 대기시간 동안 활발하게 소통하기도 하고, 몰입을 깨지 않기를 원하기도 한다. 상황에 따라 대기 시간을 위해 연기자의 대기 공간을 따로 마련해 줄 수도 있고, 대기시간을 이용해 연기에 대한 의견을 나눌 수도 있다. 중요한 것은 대기시간 동안 연기자를 배려해야 한다는 사실이다.

두 사람의 대화 씬이라도 한 사람씩 촬영하는 단독 컷을 찍게 되는데, 이때 상대 배우의 연기를 위해 자신이 카메라에 잡히지 않더라도 대사를 받아주는 배우도 있고, 그 시간에 쉬기를 원하는 배우도 있다. 만약 배우가 휴식을 원한다면 스태프들 중에서 한 사람이 대사를 받아주도록 해야 한다. 만약 오버 더 숄더 샷으로 상대 배우의 뒷모습이 화면에 잡혀야 한다면 스태프 중 한 사람이 배우의 옷을 걸치고 어깨 연기(?)를 해줄 수도 있다.

현장에서 연출자는 연기 전문가는 아니지만 배우의 연기에 대해 방향을 제시할 수 있어야 한다. 연출자의 연기 디렉팅이 중요한 이유는 작품의 이야기 순서대로 촬영이 진행되지 않기 때문이다. 그렇기 때문에 현장에 온 배우는 현재 연기하는 씬이 최종 편집되었을 때 앞과 뒤에 붙을 장면을 완벽하게 기억하지 못할 수도 있다. 유명한 작품인 <보헤미안 랩소디>의 경우 밴드 멤버 전원의 감정이 폭발해야 하는 마지막 공연 시퀀스를 가장 먼저 촬영했다고 한다. 촬영 현장에서 배우들이 아직 서먹한 시기였기 때문에 연출자는 연기 지도에 평소보다 더 많은 정성을 기울여야 했을 것이다. 이처럼 촬영의 순서와 작품 내용의 순서가 일치하지 않고, 작품의 최종 완성된 모습은 연출자의 머릿속에만 존재하기 때문에 연출자는 앞과 뒤의 상황을 연결해서 현재 씬의 연출에 임해야 한다.

연기 지도는 연출자마다 자신의 철학이 있다. 어떤 연출자는 배우에게 아예 연기지도를 하지 않고 순전히 배우의 창조적인 연기만을 원하기도 한다. 반대로 히치콕 같은 감독은 철저한 계산에 의해서만 연기하도록 한다. 어느 것이 옳다고 할 수는 없지만 확실한 건 연출자는 해당 장면에서의 연기에 대해 가이드 할 수는 있어야 한다는 사실이다. 만약 연출자가 연기의 톤에 대해 확신이 없다면 배우들은 연기하면서도 불안감을 느낄 수밖에 없게 된다.

현장에서의 촬영 진행 순서

일일 촬영 계획표를 통해 촬영 순서를 잘 짜 놓았겠지만, 계획은 현장에서 얼마든지 바뀔 수 있다. 우선 특정한 시간대의 야외 촬영이 계획되어 있다면 해당 장면의 촬영을 우선시하는 것이 좋다. 시간에 따라 해의 방향과 색온도가 계속 바뀌기 때문인데, 특히 노을이 지는 장면이라고 한다면 그 시간대에는 빛의 방향과 색이 아주 빠르게 변해가는 시간대이므로 사전에 철저한 리허설을 해서 빠르게 촬영할 수 있도록 하는 것이 좋다. 만약 여의치 않다면 노을 장면만큼은 영화에서의 최종 편집 순서대로 촬영을 진행하는 것이 좋은데, 빠르게 해가 지는 시간이기 때문에 자칫 편집 결과물의 시간대가 뒤죽박죽으로 보일 수 있기 때문이다.

야외에서의 촬영 순서를 정할 때는 마스터 샷을 먼저 촬영해두는 것이 좋은데, 시간에 따라 해의 방향과 색온도가 변하더라도 좁은 영역의 촬영은 조명으로 충분히 보정할 수 있기 때문이다.

현장에서의 촬영은 한쪽 방향에서 찍어야 하는 컷을 몰아서 찍고 방향을 바꾸는 것이 좋다. 그 이유는 카메라의 방향을 옮길 때마다 그에 맞춰 조명과 배경을 세팅하는데 많은 시간이 소요되기 때문이다.

'액션'과 '컷'

연출자가 연기자에게 연기를 시작할 것을 알리는 구호로 '액션'이라고 많이 한다. 연출자는 '액션'을 외치기 전에 조명이 켜져 있는지, 카메라와 녹음장치는 돌기 시작했는지를 먼저 확인한다. 그다음 스태프 중 누군가가 씬번호와 테이크(같은 장면을 반복해서 찍은 횟수)가 적힌 슬레이트를 들고나와서 목소리로 몇 번 씬의 몇 번째 테이크인지 외친 다음 슬레이트를 크게 쳐준다. 그 후에 따로 연출자가 액션을 외치기도 하고 슬레이트가 빠지면 자연스럽게 연기자가 연기를 시작하기도 한다.

이때 연출자에 따라 현재 찍는 앞 컷의 연기부터 하도록 주문하기도 한다. 만약 현재 찍는 컷과 편집으로 붙일 앞의 컷의 연결을 특별한 움직임으로 연결하고 싶다면 해당 연결을 잘 기억해서 이어지도록 연출해야 한다.

배우의 연기가 끝나면 촬영 종료를 알리는 '컷'을 외치게 된다. 이때 연기가 끝났다고 해서 바로 컷을 외치는 것은 바람직하지 못하다. 연기가 끝난 후부터 촬영이 끊어지는 순간까지의 공간은 편집할 때 영상의 템포를 탄력적으로 조절할 수 있는 완충지대의 역할을 할 수 있기 때문인데, 만약 대사가 끝남과 동시에 촬영이 끊어졌다면 편집자는 템포를 조절할 여지도 없이 다음 컷을 이어 나가야 한다. 만약 해당 컷의 끝에서 배우가 화면 밖으로 퇴장하는 경우라고 해도 어느 정도 시간을 두고 나서 컷을 하는 것이 좋다.

포스트프로덕션

포스트프로덕션의 시작

촬영이 마무리된 후엔 편집과 함께 포스트프로덕션에 들어가게 된다. 포스트프로덕션 단계에서는 다시 소수의 인원이 각각 맡은 작업을 담당하게 된다. 작업에 따라 크게 편집, 색보정, 시각효과 그리고 사운드 디자인으로 나눠볼 수 있다. 때로는 편집을 하다가 문제가 발견되어 추가 촬영을 하는 경우가 발생하기도 하는데, 최대한 추가로 촬영하는 일이 없도록 프로덕션 단계에서 꼼꼼히 점검하고 마무리하는 것이 중요하다.

각 분야별로 연출자가 알고 있어야 하는 부분들을 정리해 보도록 하겠다. 모든 작업, 혹은 한두 개의 작업을 연출자가 직접 할 수도 있지만 따로 스태프를 고용하는 것이 일반적이다. 분야마다 심도 깊은 전문성을 필요로 하기 때문인데, 이 경우 충분한 소통을 하며 분야별 스태프의 의견을 존중하는 자세도 필요하다.

포스트프로덕션 진행 과정

포스트프로덕션 과정에서 가장 먼저 해야 하는 일은 촬영된 클립을 시나리오와 스토리보드에 맞게 붙이는 일이다. 편집은 기술적으로만 생각하면 필요 없는 부분을 잘라 없애고, 필요한 부분을 이어붙이는 간단한 것이다. 하지만 앞과 뒤에 어떤 컷을 넣는가, 어떤 템포로 이어지게 하는가에 따라 완전히 다른 느낌의 이야기를 만들어낸다. 때문에 컷편집은 대단히 창조적인 감각을 필요로 한다고 생각한다. 붓을 드는 것이 쉽다고 그림이 가치 없는 것이 아니듯이 컷편집은 기술적으로는 단순하지만 편집자의 감각이 매우 중요하게 작용하는 창조적 분야이다.

작품을 편집할 때 연출자가 직접 편집하기도 하지만 따로 편집자를 고용해서 편집을 맡기기도 한다. 각각의 방식에 장단점이 존재하는데, 연출자가 직접 편집을 한다면 기본 구상에 충실한 작품으로 완성될 확률이 높을 것이다. 하지만 오히려 작품을 객관적으로 분석할 수 없다는 단점도 있다.

가령 매우 힘들게 촬영한 장면이 있다고 했을 때 연출자는 해당 씬이 스토리의 진행에 도움이 안 된다고 해도 이를 삭제하기 쉽지 않다. 촬영 과정에서의 힘든 과정들이 고스란히 기억 속에 있기 때문인데, 연출자 아닌 다른 사람이 편집을 맡는다면 중요하지 않거나 불필요하다고 판단되는 장면들을 보다 객관적인 관점으로 과감하게 삭제할 수 있다. 다른 측면으로 보면 편집을 다른 사람에게 맡기면 그 누구도 연출자보다 작품에 대해 잘 알고 있을 수는 없으므로 애초 생각과 다른 느낌의 편집이 될 위험성도 있다. 선택은 연출자 스스로 해야 하는 것이기 때문에 장단점을 고려해서 잘 선택하길 바란다.

촬영 푸티지(클립) 정리

촬영된 각각의 원본 파일을 클립(Clip)이라고 하기도 하고 푸티지(Footage)라고 하기도 한다. 작품의 촬영을 마치고 나면 촬영된 푸티지의 개수가 수천 개가 되기도 한다. 그래서 촬영 후 푸티지를 정리하는 데만 며칠이 걸리는 경우도 많이 있다. 하지만 이후 편집 과정을 위해서는 중요한 과정인 만큼 귀찮더라도 잘 정리해두도록 하자.

촬영을 통해 생성된 모든 파일을 모아서 저장해야 하는데, 일단 편집에 사용할 컴퓨터에 직접 저장하는 것이 편집 속도가 가장 빠르다. 하지만 다른 편집자에게 전달하거나 백업을 위해서는 외장 저장 장치를 이용해야 하는데, 저장 장치의 디스크 시스템은 exFAT를 사용하는 것이 호환

성 측면에서 가장 좋다. 윈도우에서 사용하는 NTFS는 별도의 소프트웨어를 설치하지 않으면 맥에서 쓰기가 불가능하다. 그리고 FAT32는 하나의 파일이 4Gb를 넘길 수 없으므로 영상파일을 교환하는데 부적절하다.

파일 정리는 우선 촬영된 모든 푸티지의 파일명을 바꾸고, 씬별로 폴더에 정리하는 것으로 시작하는 것이 좋다. 파일명은 스스로 규칙을 세워서 정리하면 되는데 촬영 날짜, 씬넘버, 컷넘버, 테이크는 파일명만 보고도 확인할 수 있도록 이름에 포함하는 것이 좋다. 만약 파일을 윈도우나 맥 하나의 시스템에서만 다룬다면 괜찮겠지만 그렇지 않다면 파일명에 한글은 쓰지 않도록 해야 한다. 그리고 파일명에 간격은 공란으로 두지 말고 -나 _를 사용해 사이를 채워주는 것이 좋다. 추가로 숫자는 1,2,3이 아니라 01,02,03으로 붙여야 정렬에 문제가 생기지 않으니 주의하도록 하자.

푸티지를 정리할 때 자칫 동영상 파일만 정리하는 실수를 범하기 쉬운데, 녹음 장비를 따로 사용했다면 동영상 파일과 오디오 파일을 같은 파일명으로 기록해서 보관하면 편집할 때 편리하다.

과거 필름이나 테이프를 사용하던 시절에는 복사할 때마다 화질 저하가 발생했지만 지금은 모든 과정을 파일로 진행하기 때문에 몇 번을 복사해도 화질이 저하되지 않는다. 그러니 별도의 저장 장치에 수시로 백업하는 습관을 들이는 것이 좋다.

각각의 푸티지에 알아보기 쉬운 파일명을 붙이고 씬별로 정리까지 했다면 이제 해당 클립들 중 연출자의 OK 사인이 나온 푸티지를 선별한다. NG가 난 푸티지를 삭제하기도 하는데 개인적으로는 보관해두는 것이 더 좋은 선택이라고 생각한다.

푸티지 취합 - 가편집

각 씬마다 OK 컷들을 나열하는 가편집본을 제작한다. 잘 다듬어지지 않은 편집본이기 때문에 최종 러닝타임보다 훨씬 긴 편집본이 되는데, 여기에 신경 쓸 필요 없이 푸티지를 각 씬의 흐름에 맞게 올바르게 배열하는 것에만 집중한다. 가편집본을 통해 전체적인 내용을 검토할 수 있다. 또한 각 푸티지의 연결을 체크하고 강조해야 할 부분과 더 좋은 장면을 만들기 위해 편집-검토-재편집을 반복하며 최종 편집의 방향을 결정하게 된다.

파인 컷

파인컷이란 가편집본으로 검토한 내용을 바탕으로 정교하게 다듬어진 최종 편집 직전의 편집본을 말한다. 편집 프로그램을 통해 파인컷에 대한 EDL(Edit Decision List)을 출력한다. 프리미어프로나 파이널컷 같이 널리 사용되는 편집프로그램은 EDL 출력을 지원하는데, 사용된 푸티지의 IN, OUT 정보가 담겨있다. EDL은 음향 편집툴인 프로툴 등 서로 다른 소프트웨어에서 같은 편집본을 확인할 수 있도록 도와주는 디지털 문서이다. 물론 여러 스튜디오의 협업을 위해 사용되는 방식이므로 필수적인 과정이라고 볼 수는 없다. 이제 파인컷 정보를 기준으로 각각 색보정, 시각효과, 음향 작업 진행을 위해 각각의 작업을 담당한 작업자에게 전달한다.

시각효과 (VFX)

시각효과(VFX - Visual Effects)는 포스트프로덕션 단계에서 컴퓨터를 이용해 장면을 보완하는 과정을 말한다. 특수효과와 구분되는 점은 특수효과는 특수분장, 폭발 등 실제 촬영에서 이뤄지는 효과를 통칭한다는 점에서 시각효과와 차이가 있다. VFX라고 하면 주로 할리우드 블록버스터 영화들을 먼저 떠올리게 되는데, 사실 전혀 예상치 못한 곳들까지도 VFX가 들어가 있다. 예를 들면 영화 <기생충>을 보는 사람들은 그래픽 효과가 전혀 없을 거라고 생각하기 쉽다. 하지만 영화에서 박 사장의 집이 처음 등장하는 장면에서 집의 1층을 제외하고는 모두 VFX이고, 기택의 동네가 나오는 장면 또한 동네의 먼 쪽은 모두 VFX이다. 영화 말미에서 기우가 박 사장이 살던 집을 바라보는 장면에서는 눈이 전혀 없는 장면을 겨울로 연출하기 위해 눈이 덮인 모습으로 만들어내기도 했다. 영화 <헤어질 결심>의 마지막 바닷가 장면에서 서래가 있는 곳을 휘몰아쳐 나가는 파도도 VFX의 결과물이다.

만약 실제 촬영의 한계로 VFX를 사용할 것을 계획했다면 촬영부터 담당자와 의논해서 진행해야 한다. 그래서 어느 부분에 크로마키를 사용할 것인지 결정하고 어느 정도 스크린을 세울지를 사전에 협의해서 진행해야 한다. 그 외에도 실제 촬영할 때는 괜찮았는데 편집하면서 발견된 부족한 점들을 보완하기 위해서도 VFX는 많이 사용된다. VFX는 외주를 맡길 경우 비용이 많이 들어가기 때문에 최종 편집본에 들어간 장면만 작업을 하도록 한다.

색보정

색보정의 기본적인 역할은 각 씬에 사용된 푸티지의 색을 일관되게 보이도록 하는 것이다. 같은 씬을 구성하고 있는 푸티지라도 실제 촬영의 시간대, 날씨 등 다양한 이유로 색이 다르게 촬영되었다면 이를 편집으로 이어 붙였을 경우 연속적인 컷으로 보이지 않기 때문이다. 색을 일치시키는 작업 외에도 너무 어둡거나 너무 밝게 찍힌 푸티지에 대한 보정도 색보정의 역할이다. 이때 장면 전체가 아니라 화면 속 일부분만 밝기를 보정하기도 한다. 하지만 색보정이라는 역할은 단순히 색을 일치시키고 촬영에서 발생한 색 문제를 수정하는 것으로 그치지 않고 보다 창조적으로 장면의 분위기를 조성하는 역할도 한다. 가령 영화 <어벤저스:인피니티 워> 후반부에서는 우주 공간에서의 전투와 지구에서의 전투를 번갈아가며 보여주는데, 관객들이 두 공간에서의 전투를 혼동하지 않도록 하기 위해 우주에서의 전투는 붉은색 톤으로, 지구에서의 전투는 초록색 톤으로 보정했다고 한다. 이 밖에도 비정함을 강조하기 위해 푸른 톤으로 보정을 하기도 하는 등 단순히 색을 정확히 보이도록 하는 데만 초점을 맞추는 것이 아니라 필요에 따라 창조적으로 색을 입히는 역할도 하는 것이다.

사운드 믹싱

배우의 음성과 현장의 소리, 그리고 효과음을 서로 어우러지도록 하는 작업을 사운드 믹싱이라고 한다. 이 과정에서 화면에서 일어나는 일에 대한 소리를 새롭게 만들어내기도 하고, 대사가 잘못 녹음되어 잘 들리지 않으면 후시녹음을 하기도 한다. 연출 상 필요한 내레이션을 녹음하는 경우도 있다. 대사에 현장음과 효과음을 더하고, 배경음악까지 모든 소리가 대사를 중심으로 조화되도록 작업을 진행한다.

▌편집

일반적으로 컷편집은 촬영된 푸티지의 필요 없는 부분을 자르고, 필요한 푸티지를 이어붙이는 기술적으로 단순한 행위를 통해 작품을 완성해가는 과정을 말한다. 앞서 말한 대로 상업 작품의 경우 연출자와 편집자를 다르게 하는 경우도 많이 있는데, 편집하는 과정을 스토리보드를 보며 기계적으로 조각을 맞춰가는 것으로 보지 않고 작품을 재창조하는 창의적 과정으로 보기 때문이다. 그렇기 때문에 공식처럼 무조건 어떤 것은 잘 한 것이고 어떤 것은 잘못된 것이라고 말하기 어렵다고 생각한다. 그럼에도 공통적으로 지키고자 하는 원칙은 존재한다.

첫 번째는 관객이 편집점을 느끼지 못하게 해야 한다는 원칙이다. 작품은 끊임없이 컷이 바뀌는데 관객이 그때마다 편집점을 인식한다면 작품에 몰입할 수 없게 된다. 따라서 관습적으로 이뤄지는 편집 기술은 대체로 편집점을 느끼지 못하도록 하는데 중점을 두고 있다.

두 번째는 효율적으로 전달하는 것에 관심을 둬야 한다는 원칙이다. 히치콕의 <싸이코>에서 명장면으로 꼽히는 샤워장 살인 씬은 살인범이 사람을 칼로 찌르는 모습을 한 번도 보여주지 않는다. 이것은 칼에 찔리는 모습을 직접 보여주는 것보다 칼을 치켜들었다 내리치는 손만을 보여주는 것이 오히려 장면의 잔혹한 느낌을 효율적으로 전달한다고 판단한 결과라고 볼 수 있다. 만약 시나리오에 "가방에서 담배를 꺼내 피운다"라는 표현이 있는데, 촬영을 위한 컷을 다음과 같이 구분했다고 생각해 보자.

가방에 손 넣기
가방에서 담배 꺼내기
입에 담배 물기
담배에 불 붙이기
입에서 담배연기 뿜기

위와 같이 장면을 보여준다면 작품의 전체적인 속도감이 떨어지고 지루해지기 쉽다. 오히려 많은 동작을 삭제하고 다음과 같이 구성할 수 있다.

담배에 불 붙이기
입에서 담배연기 뿜기

이렇게 편집은 적게 보여주면서도 어떻게 효과적으로 전달할까에 대한 고민이 필요하다.

세 번째는 컷이 넘어갈 이유를 찾아야 한다는 원칙이다. 하나의 연기를 두세 가지 앵글로 촬영을 하고 나면 편집 과정에서 모든 앵글을 다 보여주고 싶은 충동에 휩싸인다. 그러다 보면 아무 이유 없이 그저 앵글을 바꾸기 위한 편집을 하는 실수를 하게 되는데, 이는 매우 좋지 않다. 컷을 통해 다른 앵글이나 시점으로 넘기려면 그에 합당한 이유가 있어야 한다.

이 장에서 이야기할 편집기술은 위의 세 가지 고민을 바탕으로 좋은 편집을 알아보고자 한다.

관습적 / 기술적 편집

(1) 더블 액션

앞서 관습적 데쿠파주의 대표적인 종류를 이야기할 때 언급한 것으로, 컷이 넘어갈 때 동작의 중간에 컷을 바꾸는 것을 말한다. 좋은 편집을 위해 관객이 편집을 인식하지 못하게 해야 한다는 것을 말했는데, 이를 위한 대표적인 편집 기술이라고 생각할 수 있다. 동작 중간에 컷이 넘어가도록 하면 사람들의 시선이 화면 속 인물의 동작에 집중되기 때문에 자연스럽게 컷의 전환에 대해 인식하지 못하게 되기 때문이다.

더블액션 : 앞 컷에서 고개를 돌리는 중간에 다른 컷이 동작을 이어받도록 편집한다

동작이 완결된 후에 컷이 넘어가게 된다면 컷의 전환이 너무 명확하게 느껴지기 때문에 이런 방식이 보편화되어 있다. 하지만 느린 템포의 편집을 추구하는 연출자의 경우 의도적으로 동작 완결 후에 컷을 넘기기도 한다.

(2) L컷 / J컷

더블액션과 마찬가지로 편집점이 튀어 보이지 않도록 하기 위해 자주 사용되는 편집 기법으로, 화면과 오디오가 동시에 컷 되지 않고 서로 어긋나게 하는 편집 기법을 말한다.

위 그림과 같이 컷이 넘어갈 때 화면을 먼저 전환되게 하는 것을 L 컷, 소리가 먼저 전환되게 하는 것을 J 컷이라고 부른다. 만약 장소가 바뀔 때 화면과 배경음을 포함한 오디오가 동시에 컷이 된다면 편집점이 크게 튀어버린다. 이는 장소에 따라 앰비언스가 다르기 때문에 나타나는 현상이기도 하다.

편집의 6가지 원칙

지금은 절판된 책이지만 할리우드에서 활약한 편집자인 월터 머치가 집필한 <눈 깜박할 사이>라는 책에서 그는 많은 편집을 하며 축적된 경험을 바탕으로 편집자가 기억해야 할 편집의 6가지 원칙을 정리했다. 책에서는 한 페이지 이내로 간략하게 언급한 내용을 토대로 각각의 원칙을 설명하도록 하겠다.

(1) 실제의 3차원 공간

우리가 최종적으로 보는 영상 작품은 평면상에서 보이는 것이지만, 실제 촬영은 3차원 공간에서 이뤄진다. 따라서 편집할 때는 배우가 연기하는 공간, 배우와 배우의 위치 관계를 관객들이 파악할 수 있도록 배려하는 것이 필요하다.

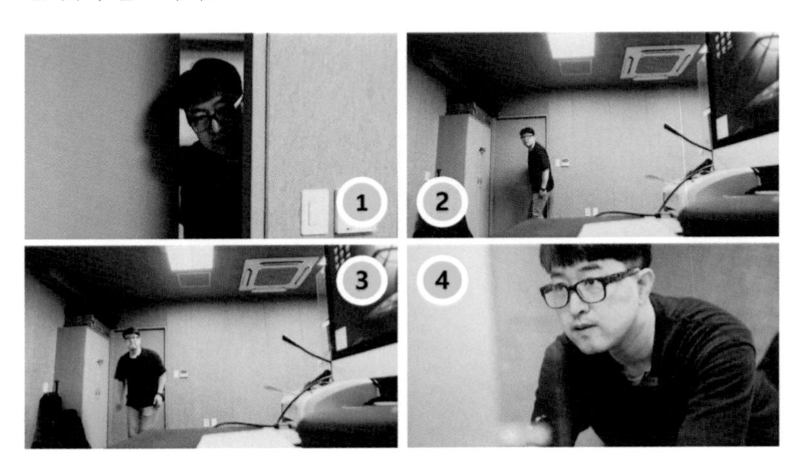

앞의 장면은 학생이 자신의 성적을 고치기 위해 선생님의 컴퓨터에 손을 대는 장면이다. 이러한 장면에서 2번, 3번 사진의 장면이 없이 문이 열리는 장면 다음에 바로 컴퓨터에 손을 대는 모습만 보여준다면 사람들은 공간을 이해할 수 있는 기회가 없다. 따라서 연출자는 편집을 통해 공간을 이해시키기 위해 노력해야 한다.

봉준호 감독의 작품 <기생충>의 인트로 시퀀스는 주인공 가족이 살고 있는 반지하 집의 구조를 이해시키기 위해 최우식 배우의 동선을 따라서 자연스럽게 공간을 이해시킨다. 이처럼 관객들에게 실제 촬영의 배경이 되는 공간과 배우의 위치 관계를 이해시키면 작품을 볼 때 혼란을 줄일 수 있다.

(2) 화면의 2차원성

영상 작품은 3차원 공간에서 촬영한 것을 2차원 화면을 통해 감상하는 것이라는 사실을 기억하고 배려하는 편집을 해야 한다. 대표적으로 180도 법칙이 있다.

우리가 3차원 세상에서 고개를 돌려 이쪽 저쪽을 바라보듯이, 그 시선의 방향에 맞춰서 보여줘야 2차원 화면을 통해 3차원 공간을 보는 관객들이 혼동하지 않을 수 있다.

(3) 눈의 궤적

관객이 모니터나 스크린으로 작품을 볼 때 눈이 화면의 어느 곳을 향해있는가를 파악하고, 시점이 혼돈되지 않도록 다음 컷을 선택하는 것이 좋다는 이야기이다. 특히나 크기가 큰 스크린 상영을 목표로 하는 작품에서는 더욱 신경을 많이 쓰는 것이 좋다. 큰 화면의 왼쪽 상단에서 사건이 일어나다가 다음 컷에서 반대쪽인 오른쪽 하단에서 사건이 일어난다면 관객의 시선이 혼란스럽기 때문에 화면상에서 눈의 궤적을 배려하여 컷을 선택하는 것이 좋다.

이때 기억할 것은 정지된 컷이라고 해서 관객의 시선도 정지되어 있는 것이 아니라 배우의 대사나 동선을 통해 자연스럽게 화면 안에서 이

동할 수 있다는 것이다. 이를 통해 관객의 시선의 흐름을 자연스럽게 유도하는 것은 관객으로 하여금 필요한 정보를 놓치지 않게 도와주는 중요한 편집 원칙이다.

(4) 리듬

편집을 통해 컷을 이어 붙일 때 컷의 길이를 통해서도 리듬감이 형성되며, 편집을 통해 자연스럽게 발생하는 대사와 대사의 간격, 동작과 동작의 간격을 통해서도 리듬감을 형성할 수 있다. 이 리듬감을 능숙하게 살리는 편집자가 좋은 편집자라고 할 수 있는데, 컷의 리듬은 감정과도 밀접하게 관련이 있기 때문이다. 에너지 넘치는 장면에서는 보다 타이트한 리듬감으로 긴장감을 높이기도 하고, 때로 감정선에 따라 컷을 길게 사용하면서 느린 리듬으로 편집을 하기도 한다.

(5) 이야기

어찌 보면 당연한 이야기처럼 들리겠지만, 이야기를 진행시키는 편집을 해야 한다는 원칙이다. 이를 반대로 해석하면 이야기 진행에 도움이 되지 않는 장면은 과감하게 삭제할 수 있어야 한다는 이야기이기도 하다. 어찌 됐든 편집의 목적은 컷을 이어 붙여서 이야기를 진행시키는 것이므로, 편집은 이야기의 흐름을 깨지 않고 진행시킬 수 있는 방향으로 선택하는 것이 좋다.

(6) 감정

어떤 장면을 편집할 때 편집자로서 우리가 생각해야 할 것은 "이 장면을 보며 관객이 어떤 감정을 느끼길 바라는가?"이다. 작품을 보고 나오는 관객들은 장면에서 보이는 디테일은 기억하지 못할 수 있지만 그 장면을 보며 느낀 감정만큼은 분명하게 기억하게 된다. 히치콕 감독의 <싸이코>에 나오는 샤워실 살인사건으로 돌아가 보자. 이 장면을 편집 하며 편집자는 관객이 어떤 감정을 느끼길 바라며 편집했을지 쉽게 알 수 있다. 바로 긴장, 공포를 느끼길 바라며 그에 맞게 편집했고 아직까지도 사람들의 기억에 남는 명장면으로 남아있다. 편집을 할 때 가장 중요한 것은 그 장면이 전달할 감정을 충실히 표현하는 데 있다는 것을 반드시 기억하도록 하자.

이렇게 편집자가 기억해야 할 6가지 편집의 원칙을 살펴봤다. 월터 머치의 표현에 의하면 가장 먼저 설명한 3차원 공간을 이해시키는 편집은 6가지 원칙 중 가장 덜 중요한 원칙이며, 뒤에 설명한 것일수록 중요한 원칙이다. 덜 중요하다고 해서 무시해도 되는 원칙이라는 의미가 아니라, 6가지 원칙을 모두 고려하면서 편집하되 모든 조건을 만족시킬만한 컷을 찾을 수 없다면 앞에 설명한 1번 조건부터 하나씩 제거하면서 컷을 찾아가는 것이 좋다는 이야기이다. 가령 편집 과정에서 3차원 공간을 이해시킬 수 있는 컷이 있지만 그 컷이 씬의 감정을 살리는 데 도움이 되지 않는다면 감정을 살리기 위한 선택을 하는 것이 좋다는 것이다.

편집 도구

과거 릴 테이프로 촬영하던 시기에는 선형 편집을 위한 고가의 장비가 필요했지만 지금은 촬영본을 파일로 저장하고 컴퓨터나 태블릿PC, 스마트폰으로 자유롭게 편집하는 시대이다. 따라서 과거처럼 복잡한 장비가 필요하지 않고 자신에 맞는 디바이스와 소프트웨어만 준비하면 누구나 편집이 가능하다.

때로 편집자들은 애플의 파이널 컷, 어도비의 프리미어 프로, 에디우스, 다빈치 리졸브 등 편집이 가능한 많은 소프트웨어를 비교하며 어느 쪽이 더 우월한가를 따지기도 한다. 여러 사람이 공동으로 작업한다면 소프트웨어도 서로 협의하면서 선택하는 것이 좋겠지만, 개인이 작업한다면 손에 편하고 익숙한 것이 가장 좋지 않을까 생각한다. 심지어 현재는 컴퓨터용 소프트웨어뿐 아니라 모바일 기기를 이용해 편집하고자 하는 수요가 늘어나면서 키네마스터, 블로, 루마퓨전과 같은 모바일 전용 소프트웨어와 프리미어러쉬, 캡컷과 같이 모바일과 컴퓨터에서 모두 사용 가능한 소프트웨어까지 편집을 위한 도구 역시 매우 다양해졌다. 단순히 다양해진 것을 넘어 모바일용 편집 어플리케이션 역시 매우 훌륭한 성능을 제공하고 있기 때문에 익숙해지기만 하면 모바일에서도 훌륭한 작품을 만들어낼 수 있다. 그도 그럴 것이 90년대에 편집에 사용하던 컴퓨터보다 현재 사람들 손에 들려있는 스마트폰의 성능이 더 뛰어나다.

이번에는 대표적인 컴퓨터 및 모바일 편집 소프트웨어에 대해 소개하려고 한다. 다만 철저히 개인의 경험에 의존해 소개한다는 점을 기억해 주기 바란다.

(1) 파이널 컷 (Final Cut)

애플에서 만든 소프트웨어로 맥 컴퓨터에서만 사용이 가능한 소프트웨어이다. 최대 장점은 소프트웨어 와 OS, 하드웨어까지 모두 애플에서 개발했기 때문에 소프트웨어와 하드웨어 간 최적화가 잘 되어있어서 훌륭한 퍼포먼스를 보여준다는 점이다. 컷편집을 위해 최적화된 기능을 갖고 있기 때문에 촬영 현장에서 가편집 용도로 많이 사용되기도 한다. 맥 컴퓨터에서만 구동이 가능하다는 분명한 한계를 갖고 있다는 단점이 있다.

이용을 위해 비용을 지불하고 구입해서 사용해야 한다. 최초 구입 비용으로 40만 원 이상의 비용을 지불하지만 이후 과금 되지 않고 쭉 사용이 가능하다. 교육 할인 등 이용할 수 있는 할인을 적용하면 절반 정도의 가격에도 구입이 가능하다.

(2) 프리미어 프로 (Premiere Pro)

Adobe 사의 편집 소프트웨어로 전문가부터 일반인까지 널리 사용하는 소프트웨어이다. 최근에는 할리우드에서도 프리미어 프로를 사용하고 있다. 강력한 기능뿐 아니라 어도비사의 프로그램인 애프터 이펙트, 오디션 등 다른 소프트웨어와의 뛰어난 연동성을 제공한다. VR 편집까지 지원하는 등 기능의 다양성을 갖고 있지만 그만큼 컴퓨터 최소 사양도 빠르게 올라가고 있다.

구독 형태로 이용료를 지불하고 이용하는 소프트웨어로 어도비사의 전체 소프트웨어를 이용하기 위해 월 6만 원 이상의 금액을 지불하고, 프리미어 프로만 사용하기 위해서는 월 2만 원 이상의 금액을 지불하고 사용해야 한다. 학생들을 위한 교육용의 경우 전체 소프트웨어를 절반 정도 금액인 3만 원대에 이용할 수 있다.

(3) 프리미어 러쉬 (Premiere Rush)

프리미어 프로와 마찬가지로 어도비사에서 개발한 편집 소프트웨어이다. 프리미어 프로와 다르게 영화보다는 유튜브, 틱톡 등 SNS 컨텐츠를 만들기 원하는 일반인을 위한 빠르고 가벼운 편집에 보다 적합한 프로그램이다. 가장 큰 특징은 컴퓨터뿐 아니라 태블릿, 모바일까지 모두 동일하게 사용이 가능하다는 점이다. 어도비 계정을 사용하면 클라우드 시스템을 통해 컴퓨터로 편집하다가 밖에 나가서 태블릿이나 모바일에서 그대로 이어서 편집을 할 수 있다는 장점이 있다. 비전문가에 초점을 맞춘 프로그램인 만큼 전문 지식이 없더라도 쉽게 편집 관련 기능을 익힐 수 있도록 만들어져 있다.

어도비 구독으로 월 이용료를 지불해서 이용할 수 있으며 전체 소프트웨어 플랜을 구독하거나 프리미어 프로 구독을 하면 프리미어 러쉬까지 이용이 가능하다.

(4) **다빈치리졸브** (DaVinci Resolve)

방송장비로 유명한 블랙매직이 만든 소프트웨어로, 주로 색보정을 위한 소프트웨어로 인식되고 있지만 컷편집과 다양한 효과도 가능해서 편집 도구로도 많이 사용되고 있다. 블랙매직에서 출시한 다양한 하드웨어와 연동해서 사용할 경우 보다 편리하고 빠르게 편집을 수행할 수 있다는 장점이 있다. 윈도우와 맥 컴퓨터뿐 아니라 태블릿인 아이패드에서도 사용이 가능해서 접근성이 매우 좋아졌다.

컷편집과 일반적인 색보정 기능은 무료로 다운로드해서 이용이 가능하며 프로 버전에 해당하는 다빈치리졸브 스튜디오는 40만 원 이상의 금액을 지불하고 구매할 수 있다.

(5) **캡컷** (CapCut)

틱톡을 개발한 바이트댄스사에서 개발한 편집 소프트웨어이다. 모바일 전용으로 출발해서 컴퓨터용, 웹용까지 개발되어 접근성이 매우 높은 소프트웨어가 되었다. 틱톡을 만든 회사의 소프트웨어답게 SNS에서 사용될만한 다양한 그래픽 효과를 기본적으로 제공한다. 물론 편집에 사용하는 기능도 모두 제공하여 익숙해진다면 훌륭한 편집이 가능하다. 이 외에도 다른 유저가 만들어서 제공하는 다양한 영상 템플릿을 사용할 수 있기 때문에 사진과 영상을 바꿔 끼우는 것만으로 간단한 영상 제작이 가능하다.

모든 버전의 소프트웨어를 무료로 사용할 수 있기 때문에 접근성이 매우 높다.

(6) 키네마스터

국내 회사인 키네마스터 주식회사에서 개발한 모바일 소프트웨어로 2013년에 안드로이드 버전을 공개하면서 시작된 소프트웨어이다. 모바일 어플리케이션답게 많은 편집 소스를 제공하는데, 동영상 및 사진 푸티지 뿐 아니라 라이선스 음악과 그래픽 소스를 매우 다양하게 지원한다. 캡컷보다 먼저 탬플릿 이용 기능을 구현한 만큼 품질 좋은 탬플릿을 다운로드해서 활용할 수 있다. 가장 큰 특징이라면 모바일 어플리케이션으로는 보기 드물게 작업 파일을 다른 사람과 공유할 수 있다는 점이다. 편집 작업 파일을 .kine 파일로 내보내서 다른 사람과 공유할 수 있는데, 해당 작업 파일 안에 편집에 사용한 푸티지도 함께 저장되기 때문에 파일의 용량은 크지만 쉽게 공유가 가능하다.

무료 버전은 워터마크가 표시되고 편집 소스를 일부 사용할 수 없다는 제한이 있다. 유료 사용은 월 약 15,000원 정도의 이용료를 지불해야 하고 연간 구독은 약 10만 원 수준으로 모바일 편집 어플리케이션으로는 매우 비싼 수준이다.

이 외에도 에디우스, 아비드, 블로, 루마퓨전 등 다양한 편집 소프트웨어와 어플리케이션이 이용되고 있다. 만약 회사에서 사용하는 소프트웨어가 특정되어 있다면 그것을 사용해야 하겠지만 분명한 것은 편집 소프트웨어는 꾸준히 사용하며 익숙해지는 것이 가장 중요하다는 것이다.

제작 과정의 끝

제작이 끝나면 이제 사람들에게 보여줄 일만 남았다. 요즘은 누구나 대중에게 나의 작품을 노출시킬 수 있는 플랫폼이 많이 있기 때문에 나만의 작품으로 다양한 시도가 가능하다. 하지만 그전에 꼭 해야 할 것이 있는데 바로 사전에 먼저 보여주는 시사회 과정이다. 시사회를 할 때 연출자는 관객석을 보며 장면 장면마다 관객의 반응을 살펴야 한다고 하기도 한다. 웃기려고 만든 장면이 있다면 그 장면에서 어느 정도 나의 의도가 통했는지 체크하는 과정이 필요하다는 것이다. 최종적으로 대중에게 공개하기 전에 한 번쯤 점검의 기회를 갖는 것은 매우 중요하다. 시사회라고 표현하면 거창하게 느낄 수 있는데, 소수의 지인을 모아서 보여주는 것도 의미가 있다. 하지만 이 경우 냉철한 지적을 받기 어려운 경우가 많다. 그렇더라도 다른 사람의 지적을 한 번쯤 듣고 내 작품을 보다 객관적으로 보기 위해 노력하는 자세가 필요하다.

하나의 작품이 완성되기까지 연출자는 꽤 긴 시간 동안 그 작품만을 생각하게 된다. 그리고 여러 사람들과 함께 촬영하고, 편집하며 고된 시간을 거치고 나서야 드디어 내 눈으로 그 작품을 보게 된다. 이런 과정을 거치고 나면 나의 작품은 너무 소중한 것이 된다. 그리고 그 지점에서 연출자는 객관성을 잃기 쉽다. 그뿐 아니라 누군가가 나의 작품을 지적하면 매우 기분이 나쁘다. 그럼에도 내 자식 같은 작품이 많은 사람들에게 비판을 듣는 것보다는 기회가 있을 때 더 좋게 다듬어서 칭찬받도록 하는 것이 좋지 않은가. 일단 완성했다면 이제 내 기분보다는 작품을 위해 일해야 하는 시간이 된 것이다.

마치며

연출자가 알아야 하는 지식을 이렇게 정리한 이유는 새로운 시도라는 것은 기존의 지식 위에서 이뤄질 때 효과를 발휘하기 때문이다. 기초가 없는 상태에서 시도되는 것들은 사람들이 이해하거나 받아들이지 못하는 경우가 많다. 따라서 기존의 지식을 먼저 습득하고 나의 개성을 담아내는 것이 좋다.

이제 한 학기 분량의 나의 잔소리는 여기까지. 무엇보다 중요한 것은 뭐라도 만들어보는 것이라고 생각한다. 프리프로덕션이 중요하니까 완벽하게 준비되었다고 생각할 때 카메라를 찾으라고 가르치지만 학생들은 오늘도 성급하게 카메라를 든다. 여러분도 그럴 것이라고 생각한다. 그래도 실수하자. 그게 아무것도 안 하는 것보다 백배 천배 나은 일이다.

그리고 그렇게 머리로 아는 것을 몸으로 깨닫게 되면 완전히 자신의 노하우가 되는 것이다.

머릿속의 작품을 내 상상 속에서만 보고 끝나면 그것은 존재하지 않는 것이 된다. 이제 그 이야기를 끝내 당신의 눈으로 보기 위해 도전해 봐야 할 시간이다.